徐瑾经济学思维课

徐瑾 著

湖南文艺出版社
HUNAN LITERATURE AND ART PUBLISHING HOUSE

博集天卷
CS-BOOKY

徐　瑾

知名青年经济学者，"货币三部曲"作者。英国《金融时报》（FT）中文网财经版主编，微信公众号"徐瑾经济人"（econhomo）与得到经济学大师课主理人，曾被知名机构评价为"中国最受欢迎的青年经济学者"。

近年出版《白银帝国》《货币王者》等书，连续入选"最受金融人喜爱的财经书籍"。作品畅销海内外，《白银帝国》由耶鲁大学出版社推出英文版，被《华尔街日报》《亚洲书评》等知名媒体好评推荐。

经济人读书会创始人、东京大学客座研究员、上海公共政策研究会理事。所授课程，多次入围国内知识付费榜单，位列经济类前茅，备受好评。

更多经济知识
请移步徐瑾视频号

目录

Contents

政府与发展

宏观经济

前　言

与大师们成为朋友，更明白地看经济

那些认为自己完全不受任何知识影响的实干家，通常是某位已故的经济学家思想的奴隶。

不论早晚，不论好坏，危险的东西不是既得利益，而是思想。

——宏观经济学鼻祖，约翰·梅纳德·凯恩斯

多年来，在我担任英国《金融时报》中文网财经版主编的工作中，我最大的挑战不是弄明白财经走势，而是让读者快速明白它。一旦经济有个风吹草动，总有不少人问我，怎么回事？到底怎么看？在这些咨询的人中，有的没怎么学过经济学，也有的其实已经学过不止一门经济学课程。但教科书上简单明晰的原理，一旦碰到分析经济现实的情况时，却往往让人不得

要领。

　　每当这时，我都在想：大家缺的到底是什么？信息？智商？勤奋？都不是。关键是缺乏对经济思想的系统理解。这是什么意思？举个例子，就像找路。就像我这样的南方人，到了北方很容易迷路。路上问路，大妈可能告诉我，往东走3分钟。这句话是建立在多数北方人对方向的精准拿捏上的。随便一个北方人也许马上就能明白，可没有方向感的人很难理解"东"究竟是哪个方向。这寥寥几个字，就体现了强大的背景知识。

　　可见，知识点必须镶嵌在体系中，才能成为知识，否则你掌握的只能是杂乱的信息。思想必须生活在思想森林中，才有生命力，否则就是一根孤独的木材。经济思想也是一样。如果抽离它诞生的环境，失去了当时的背景，它也就失去了不少力量。你学了，很多时候也等于没学。

　　大师思想的背后是什么？

　　我有次和罗振宇老师聊天。他说，写思想史，其实就是经常琢磨一个问题：为什么当时的人那么"傻"呢？很多我们觉得显而易见的道理，过去的人怎么就想不明白？为什么那么明显的错误，当时的人又觉得绝对正确呢？事实上，每个时代的人都不傻。只有搞清楚这些思想背后的关键，你才能明白思想是怎么发展起来的。

　　经济思想，可以说塑造了今天的世界。宏观经济学鼻祖凯恩斯就说："那些认为自己完全不受任何知识影响的实干家，通常是某位已故的经济学家的奴隶。"只要有市场与选择，就离不开经济思想——从日常买房就业，到更大的人生选择。

你可能会问：经济学不断发展，为什么还要读经济思想？这是因为，经典思想能够存活这么多年，本身就意味着这个思想经受住了时间的考验。

当然，要系统地了解经济思想，并不容易。著名物理学家普朗克就曾说经济学太艰难，因此不敢涉猎。

而且，经济学有那么多学派，数都数不过来。人们常说的一个笑话是，3个经济学家有5种观点。何况，理论还需要结合现实。人们时常对现实中的经济动态感到困惑。

怎么才能系统地理解经济思想，这是这门课的目的。我花了一整年的时间来思考怎么回答这个问题。

首先，我会带读者认识关键"地标"。对普通人而言，经济思想不等于高深、复杂的模型，跟随经济学大师学习，才是正道。

如果从《国富论》出版开始算，到今天经济学诞生接近250年。其中，经济思想和经济学家数不胜数。我反复筛选，选定了不同领域的30多种经济思想，涵盖从微观经济学到宏观经济学，从奥地利学派到凯恩斯主义，从货币主义到后凯恩斯主义，从主流经济学到行为经济学，等等。

这些思想背后的大家，从亚当·斯密到李嘉图，从凯恩斯到弗里德曼，从熊彼特到卡尼曼，都是经济学的地标人物，更不用说格林斯潘和罗斯福这样的重要人物了。通过了解他们的思想，我将经济思想的关键知识点，一一为你勾勒出来。你可以一览经济学的全貌，站在大师的肩头，更明白地理解当下。

其次，我会带你回到思想现场。这门课谈经济思想，但不是只谈某个经济学家说了什么，某个经济学定律是什么。我会从发生学的角度，把经济思想重新打捞起来。也就是说，让你了解每一种重要思想是如何诞生、如何与现实相关联的。借助思想与历史，重构你的经济坐标。

如果你不明白18世纪苏格兰翻天覆地的变化，就不能理解《国富论》为何如此强调分工。如果你没有注意19世纪初的人口大膨胀，就不能理解马尔萨斯为什么冷酷地强调人口陷阱。如果你没有站在20世纪30年代背景下，就无法理解哈耶克和凯恩斯到底在争论什么。如果你不了解后发优势，那么你对林毅夫、张维迎关于产业政策讨论的了解就缺乏深度。

到了今天，经济人、理性、选择、民主等这些你看起来一成不变的概念的背后，有着巨大思想的源流。而且，内涵一直在变化。

可以说，每种伟大的经济学思想，都不是天才的闭门造车，背后都有巨大的知识背景。可以说，每种经济学思想都是那个时代最优秀的经济学家面对他们的时代最重要最迫切的问题，进行一系列思考探索对话的结晶。它们绝不仅仅是枯燥无趣的理论，与社会变化更是有着密切的联系。

同样，这些伟大的经济学家也不仅仅是教科书上的呆板画像。他们之间有交往有对话有争锋。这种碰撞，就构成了密集的知识网络。因此，如果你不进入这个体系，就可能很难深入理解这些经济思想过去解决了什么问题，今天为什么重要，未来为什么还能有魅力。

这是一门打破传统的通识课

最后，从结构来看，这门课的模块划分，是以问题意识为导向的。这门课分为五大模块，分别是制度与经济、政府与发展、宏观经济、资本市场和经济学视野中的中国。这不是按照传统经济学教科书的内容划分的。这是一门经济通识课，目的是让你更快地理解经济思想。你不是为了应付考试，没必要准备一堆迟早会忘的考点，而是要明白地看经济。这个明白的意思，就是有系统、懂判断、能思考。这起码包含下面三点：

第一，对经济思想有系统认知。这门课凝聚了经济学中几十种关键思想，通过通盘学习，可以初步建立自己的经济坐标系。面对各种经济现象和经济学，你有了一把自己的尺子。更进一步讲，你对经济学的很多认知，不再是杂乱的信息，而是一个相互联系的网络。

第二，通过东西方变化，理解中国现实。这门课除了谈经济思想，更要谈这些思想背后的社会变迁，从东方到西方，从古代到当下。过去人类的思考，是我们共同的思想资源。不了解过去，就无法了解未来。掌握了过去，也等于间接掌握了未来。学完这门课，相信你对中国很多经济问题的看法会比过去更透彻。

第三，通过理解经济学大师，建立新思维。大师之所以伟大，正在于其思想超越时空。他们思考自身时代的思维模式，具有普遍性，不仅在过去是划时代的，在今天仍然有巨大的力量。这门课我选取了30多位经济学大家的思想进行解读，通过与大师对话，相信你会收获不少。

明白地看经济

明白地看经济，这个答案来自我过去十多年的经验。

我供职的英国《金融时报》中文网，是一家历史超过130年的世界级财经媒体。

我的工作之一，就是帮助别人更明白地理解经济。我的自我定位是构建经济思想和现实世界的桥梁。普及经济是我的专业，也是我的热情所在。我一直关注经济思想，也一直与中国最好的经济学家打交道。

我关注中国经济超过10年，写过上千篇财经专栏。这些年来，我写过十本书，连续多年入选"最受金融人喜爱的十本财经书籍"。其中一些书也被引荐到海外，比如《白银帝国》就由耶鲁大学出版社推出了全球英文版，这部作品也被《华尔街日报》等主流大报推荐过。

与此同时，我还是经济人读书会的发起人。经济人读书会的宗旨是为大众推荐好书，曾经入围全国"华文领读者·阅读组织奖"，也曾被台湾时报出版社评价为"财经读者的引路人"。事实上，无论在经济人读书会，还是在"徐瑾经济人"的公众号社群中[1]，我们倡导的学习理念就是"和明白人一起学财经"。

越是迷茫的时代，越需要明白的力量。当下中国正处于剧烈的转型过程中，其中涉及社会、经济、文化的多重转型。变革时代，不变的是什么？是思想，尤其是具有普遍适用精神的经济思想。

经济思想，是明白的核心维度。有它，不慌。

欢迎你与我一起，透过思想，一起明白地看经济。

---

[1]　"徐瑾经济人"微信公众号ID为econhomo，亦名"重要的是经济"。

画　　重　　点

　　知识点必须镶嵌在体系中，才能成为知识，否则你掌握的只能是杂乱的信息。思想必须生活在思想森林中，才有生命力，否则就是一根孤独的木材。经济思想也是一样。如果抽离它诞生的环境，失去了当时的背景，它也就失去了不少力量。

制度与经济

徐瑾经济学思维课

扫码免费听"徐瑾经济人"精选内容
和明白人一起学财经

亚当·斯密：

共享经济是对分工理论的改写吗？

让我们进入徐瑾经济学思维课第一课。回到原点，聊聊经济学是如何起步的。如今，经济学这个学科，已经成为社会科学皇冠上最闪耀的明珠。但是，经济学的缔造者，却是一位来自苏格兰、个性羞涩且有点口吃的道德哲学教授，没错，相信你已经猜到了，他就是一辈子没结婚的亚当·斯密（Adam Smith，1723年6月5日—1790年7月17日）。

不可思议的苏格兰

当时的经济中心明明是巴黎和英格兰，但是为什么经济学这样现代的理论会出现在苏格兰呢？这和启蒙运动有关。提到启蒙运动，大多数人马上会想到拥有伏尔泰、卢梭这些人的法国，其实苏格兰同样也是启蒙运动的重要发源地。

1789年，法国大革命爆发。有人评价，此前的50年是苏格兰统治了世界的主流观念。苏格兰在欧洲西北部边缘，在斯密的年代整体人口也不过150万，经济也不发达。为什么会成为那么多重要思想的发源地呢？想弄清楚这个问题，首先要看清当时苏格兰的历史处境。

1707年之前，苏格兰还是一个独立国家。不过，军事和经济方面都远远落后于英格兰。苏格兰想在海外殖民赌一把，结果还失败了，国家濒临破产，只好和英格兰合并了。这背后有些不情不愿。所以300年后的2014年，苏格兰人甚至还在利用公投，争取独立。

有意思的是，正是不那么光彩的合并反过来造就了苏格兰的传奇。合并后几十年，苏格兰就摆脱了贫穷、肮脏、宗教偏见等一堆标签，华丽变身了。从欧洲的下水道，变为北方的雅典。学术重要性甚至与伦敦并驾齐驱。为什么会发生这样的变化？首先，还是背靠英格兰的市场优势。苏格兰的经济人口，迎来大发展。更关键的是，与英格兰的巨大差距，刺激了苏格兰精英的思考，诞生了一大批伟大人物。

苏格兰启蒙运动第一位重要思想家，是哈奇生。他是斯密的老师。斯密和《人性论》的作者大卫·休谟，更是生死与共的老朋友。他们都是启蒙运动的领军人物。除了哲学领域，其他领域也有很多伟大的人物，比如建筑师亚当兄弟、近代地质学之父詹姆斯·哈顿、改良蒸汽机的瓦特、物理学家麦克斯韦等。

休谟说，当我们在这个不幸的时代，失去我们的君王、我们的议会、我们的独立政府，甚至我们的王公贵族时，我们竟然成为"欧洲文学中最杰出的民族"，诞生了如此之多的天才人物。

有人说，斯密的作品，主要目的是让人从野蛮人变为苏格兰人。斯密自己也说，每个人内心都有一个苏格兰人——这里的苏格兰人，指的就是在思想上不断向上追求的文明人。

为什么要看两百年前的旧书？

启蒙运动，往往与政治联系在一起。其实启蒙运动还包含经济学。斯密在1776年出版《国富论》，使经济学成为一门独立学科。

生活在如此发达的今天，真的有必要看200多年前的旧书吗？其实这些思想离我们没那么遥远。中国经济学近10年最重要的学术争论，就是2014年在复旦大学经济学家林毅夫和张维迎关于当下中国一些经济问题的争论。我也在现场，在这场争论中，他俩尽管存在很多分歧，但都提到了亚当·斯密。可见，在今天讨论经济学问题，还是绕不开亚当·斯密。

在斯密的年代，类似的争论早就存在。当时有两种思想：一种叫重商主义，主张国家主导发展商业，积累金银；一种叫重农主义，主张政府无为而治，维护农业。

这些争论的背景是时代的变迁。当时欧洲面临剧烈转变，挣扎着从传统的基督教农业世界，走进现代商业世界，这就造成了巨大冲突。一方面，大多数国家的人民还生活在乡村；另一方面，不少城市已经站在商业社会前沿，大航海带来的财富刺激了通货膨胀与经济变迁，比如我们刚谈到的苏格兰、英格兰就沐浴到了工业革命的曙光。

当时的人夹在旧制度和新时代之间，很迷茫，这种迷茫程度，丝毫不亚于今天。这时候，探索国家变化和人的选择，成为时代主题。

亚当·斯密的分工理论

你知道，封建时代的合作，往往诞生于熟人社会之间。无论是地主还是农民，是街边的小店主还是邻居，彼此知根知底，但是这样的合作规模也很小。现代市场的意义，就在于将合作规模尽量扩大，将合作的范围，从熟人拓展到陌生人的世界，使得整个世界连接成一个整体市场，怎么才能实现这一目标呢？在《国富论》中，斯密提出了他的洞察。

一提到《国富论》，我们马上就想起"看不见的手"，即使是经济学外行，也知道这个比喻。但如果仅仅把它看成是斯密的一个文学化的洞察，那就错了。这个比喻背后，有严密的逻辑作为基石。这块基石具体是什么呢？分工。

分工听起来可能很抽象，但作用却是巨大的。如果没有分工，可能连最简单的东西都制造不出来，我们可以看看斯密举的经典扣针案例。

一根小小的扣针看起来不起眼，其实背后有很多道工序：抽铁线、拉直、切截、削尖、打磨、安装等，一般来说，分为18道工序。如何才能提高生产扣针的效率呢？当时有些工厂发现，最好的方法是将这18道工序分给10名工人，每个人专门做两三道工序。分工之后，平均一天一个人可以做4800根扣针；但是如果不分工，一个人来做全部工序，熟练工人一天可能就是20根左右，不熟练的说不定一根也做不出来。

到了现代社会更是如此，即使是最简单的产品，如果没有分工，也无法制造出来。反过来说，即使是再复杂的产品，通过分工，也可以变成比较简单的步骤。比如芯片，看起来很复杂，但通过5000道工序的分工，同样可以高效地制造。

那么分工的优势就很明显了，分工会带来三大效率提升。

首先，工人技术更加专业，这体现为人力资本的积累。

其次，减少了由一种工作转到另一种工作的损失，这体现为流程的进步。

最后是机械的发明，这体现为技术的进步。

所以只有分工，才能带来繁荣。前些年共享经济中，兼职司机之类现象大量出现，不少人觉得这颠覆了分工，甚至称其为逆分工，这其实是一种误解。兼职司机在原有专业司机为主的种类中，增加了新的司机种类，进而为用户提供了更多选择。所谓逆分工现象，本质是创造了更多的分工。

亚当·斯密的伟大

为什么分工越精细，经济发展越快？因为分工充分利用了人和人之间的合作关系。现代人生活水平很高，不是因为人人都献出一点爱，相反，分工的奥秘恰恰在于人是自私的，在分工的基础上，才能发展出交易。我要得到我想要的东西，必须用你所需的东西来交换。

所以法国学者曼德维尔提出一个悖论，"私人恶德即公共利益"，这句话体现了在市场中人们互相交易的动力，在当时看起来反常识，但是经过时间的检验，最后的结果却是，基于人的自私建立的交换，反而最终有益于社会，这奠定了整个经济学中人的本性原则。

为什么呢？这是因为我是自私的，而你也是自私的，我们的人性都遵从利己主义。而我的利己主义，或者说私心，必然受到你的利己主义的限制。所以，这就会迫使我在做事情的时候，必须照顾你的正当利益，由此也产生了社会利益。

这就是经济思想的一个重要知识点，就是为什么市场机制可能不是最完美的制度，但却是人类历史各个阶段中，最合理的经济制度，只要有交换的地方，就有市场，相比其他经济运行制度，市场制度可能是其中最合理的一种。

斯密的伟大，就在于在一个关键时代掌握了关键问题。《国富论》是当时思想的集大成者，不仅有重农学派、重商学派的影子，更有苏格兰与法国启蒙运动家的贡献。此后，经济学家李嘉图、马尔萨斯与穆勒等人沿着斯密的道路，将古典经济学不断推进。

关于斯密的思想，非要记住一个核心，那可能就是一句话：分工产生效能，合作造就繁荣。今天很多经济学假设都受到过挑战，分工的作用也不例外，但是它经受住了考验。有个笑话说，如果你教会一只鹦鹉说"供给"和"需求"，那么这只鹦鹉就是经济学专家了。但我想，如果你教会一只鹦鹉说"分工是繁荣的基础"，那么这只鹦鹉的水平确实能超过一般人了。

画 重 点

分工会带来三大效率提升。首先,工人技术更加专业;其次,减少了由一种工作转到另一种工作的损失;最后,推动了机械的发明。

只有分工,才能带来繁荣。共享经济中,兼职司机之类现象大量出现,不少人觉得这颠覆了分工,甚至称其为逆分工,这其实是一种误解。兼职司机在原有专业司机为主的种类中,增加了新的司机种类,进而为用户提供了更多选择。所谓逆分工现象,本质是创造了更多的分工。

李嘉图：

比较优势已经被颠覆了吗？

我们从18世纪的苏格兰，来到19世纪的伦敦，聊聊古典经济学是如何完成学派的建立的。这次主角是个犹太人，他就是大卫·李嘉图（David Ricardo，1772年4月18日—1823年9月11日）。他可能是投资回报率最高的经济学家。他靠着800英镑起家，退休时财产累计达百万之巨。

你可能会问，学好经济学，还可以做好投资？对不起，你有点想多了，李嘉图的发家经历和经济学关系不太大，他接触经济学纯属偶然。他出生于1772年，等到他长大，成为成功的投资家，这时候距离《国富论》出版已经过去了23年。有次度假，他随手翻到《国富论》，一下子觉得，这种研究比投机赚钱有意思多了。从此，这世界多了一个天才经济学家。他教给我们的第一课，可能就是任何时候学经济学都不算晚。

荷兰带来的震撼

说回来，李嘉图投资做得好，与经济学关系不大，倒与他的荷兰背景关系更大。李嘉图的父亲和祖父都是伦敦有名的证券经纪人。12岁时，李嘉图去荷兰留学。你可能会奇怪，伦敦不是世界金融中心吗，还用得着去荷兰留学？这是因为，当时的荷兰，说起来可不简单。

我们知道，荷兰曾有海上马车夫的美称，斯密就曾评价过，配称为自由港的国家只有荷兰，这个国家的财富全部来自对外贸易。很多人不知道，荷兰厉害的还有金融，不少创新最早就出现在荷兰，比如现代意义上的存款银行与公债。荷兰的成功，其实就在于利用自由贸易，大力发展金融。

荷兰那么发达，英国这样的国家自然会跟在后面学，荷兰人也源源不断到伦敦传播经验。李嘉图父亲因为要处理公债，所以李嘉图不少投机也和公债有关。

荷兰的经验，帮助了英国，也刺激了李嘉图这样一批支持自由贸易的思想者。斯密出生于1723年，和李嘉图相差不到50年，却属于两个时代。斯密的时代，工业革命还没有正式开始；李嘉图的时代，英国已处于产业起飞的阶段。第一台机械织布机出现于1786年，纺织业成为英国第一个现代行业，经济周期开始出现。身处其中的李嘉图所采取的观察视角带有强烈的现代意义，主要关注19世纪的公共话题。

《谷物法》刺激下诞生的比较优势

当时最大的问题就是战争。在法国大革命的一片混乱中，拿破仑崛起，在欧洲大陆所向披靡。1805年，拿破仑尝试登陆英国失败，这导致他改变征服方式，决心用经济封锁摧垮英国，下令欧洲各国不准与英国发生贸易关系，英国货物商船全部没收，这就是"大陆封锁"。

拿破仑将欧洲与英国的战争，看成陆地与海洋的霸权争夺。英法战争，自古以来就是争夺世界统治权的战争，恰恰是战胜了法国，奠定了英国在19世纪的统治地位。海洋战胜了陆地，也意味着自由贸易理念战胜了保护主义。

拿破仑在1814年失败了，但他代表的保护主义却没有马上退散。1815年，英国出台了《谷物法》，规定如果国内谷物平均价没有达到一定标准，就不能进口谷物。明眼人一看就知道，这是为了保护乡绅贵族利益，议会主要被这些人把持。当时的城市工人已经面临通货膨胀压力，再加上《谷物法》导致谷物价格上涨，他们的生活雪上加霜。

这时，李嘉图作为国会议员拍案而起。尽管他也有很多土地，《谷物法》符合他的利益，但是不符合他的自由贸易理念。因此他对《谷物法》非常气愤，他的《政治经济学及赋税原理》这本书，正是在这一背景下出版的。这本书被认为是《国富论》后最重要的经济学著作，其中的比较优势理论，也成为自由贸易最强大的理论支持。

比较优势会被颠覆吗？

比较优势诞生于工业时代前期，到今天是不是被颠覆了呢？在我看来，比较优势的生命力是相当顽强的。

我参加过经济学家林毅夫的讨论课，他开篇就说了个故事。主角是经济学家萨缪尔森和他的朋友数学家斯坦尼斯劳·乌拉姆，斯坦尼斯劳·乌拉姆问萨缪尔森，在所有社会科学中，是否存在一个既成立而又有意义的理论？这个问题不好回答，甚至都不是在问经济学，而是问所有的社会科学。

萨缪尔森是美国首个诺贝尔经济学奖得主，聪明程度不用说了，可他也想了几年，才谨慎给出答案，就是"比较优势"。

今天比较优势并没有过时，但对比较优势的理解却需要不断复习更新。

说到比较优势在当下的运用，不少人第一反应是，中国的优势是人工，美国的优势是技术，所以中国要出口低端产品，美国要出口高端产品，即中国生产袜子、美国制造飞机，才符合比较优势。这其实大错特错了，人工或者技术是直接优势，而不是比较优势。

那比较优势是什么意思呢？比较优势是说，就算美国工人生产袜子比中国效率高、成本低，美国也不应该生产袜子，因为低端制造业很可能属于美国的比较劣势。

再复习一下李嘉图版的比较优势。

假定英国生产一定数量的毛呢需要100人，生产葡萄酒需要120人，而葡萄牙生产相同数量的毛呢需要90人，生产葡萄酒需要80人。注意，无论生产毛呢还是葡萄酒，葡萄牙都比英国有效率；但相对而言，葡萄牙生产葡萄酒的优势胜过毛呢的优势，所以两国最佳方案应该是葡萄牙专心做葡萄酒，英国专心产毛呢，彼此交换产生双赢。

当然，今天的世界不是毛呢和葡萄酒那么简单。当主导行业变成疫苗、芯片、智能手机之后，比较优势还适用吗？逻辑没变，但需要完善，克鲁格曼等人也正是从中发展出新的理论。

2004年，萨缪尔森写了篇论文，对中美贸易提出一些看法，他认为中国原本不具备比较优势的领域，如果意外地提升了生产率，贸易可能并非双赢。也就是说，如果中国继续生产袜子、美国继续制造飞机，是双赢，但如果中国开始制造飞机，那么美国可能受损。

这篇文章被很多人看作中美贸易战的理论基础，甚至认为颠覆了比较优势。真的是这样吗？其实萨缪尔森的文章，可以认为从反面也就是从比较劣势的角度论证了比较优势。

假设中国的比较优势真的从生产袜子转移到制造飞机，这意味着美国的比较优势也必然发生改变，飞机可能就不再是美国的比较优势，反而可能是比较劣势；如果继续生产，那么自然会利益受损。在这个模型中，当中国生产优势改变，中国需要重新思考，是不是要继续生产袜子；美国也应重新思考，要不要继续生产飞机。

并且，当年李嘉图对比较优势模型是做了简化的，模型中假设的商品和国家只有两种（个），萨缪尔森模型也有类似局限。

真实世界不会只有飞机和袜子两种产品，也不是只有中美两个国家，这意味着理解比较优势要从全球出发。

假定美国造飞机不具备比较优势，甚至不造飞机，美国真的吃亏了吗？也许飞机制造业确实吃亏了，但是其他行业未必。中国飞机胜出，意味着中国制造的飞机可能更安全更舒适更大，这进一步意味着航运效率提升，乘客和航空公司都能够从中获益。其他行业的收益，很可能大于美国飞机制造业的损失，帮助美国经济整体产出效率提升。可见中国制造飞机效率提升，最终有利于美国其他行业，红利可以蔓延至全球。

那么美国应怎么做？当然应该寻找新的比较优势。要么发展新行业，比如新型飞机或者火箭，或者改造旧行业，比如引入机器人将制造业变得更自动化。这与后文谈的创新有关，整个全球经济效率，就在比较优势的动态变化中得到提升。

最后要区分两个问题，一是比较优势，二是自由贸易。比较优势是自由贸易的理论基础，研究怎么把全球经济蛋糕做大，但如何切蛋糕是另外一个问题，取决于你支持自由贸易还是公平贸易，这背后的含义，是经济学和政策，永远不能完全一致，就像李嘉图呼吁自由贸易，但生前未能看到废除《谷物法》。

1823年，李嘉图去世，原因是一只耳朵感染，年仅51岁。如此富有的天才人物，却因为小小的意外，如此仓促地离开人世。

但这就是历史，我们当下习以为常的不少事物，在当时是何等非凡的创造，比较优势正是如此。

画　　重　　点

　　说到比较优势在当下的运用，不少人第一反应是，中国的优势是人工，美国的优势是技术，所以中国要出口低端产品，美国要出口高端产品，即中国生产袜子、美国制造飞机，才符合比较优势。这其实大错特错了，人工或者技术其实是直接优势，而不是比较优势。

马尔萨斯：

"人口陷阱问题"还值得担心吗？

我们要重新思考人类经济史的一个重大规律，这个规律叫作马尔萨斯陷阱。发现者自然就是马尔萨斯（Thomas Robert Malthus，1766年2月13日—1834年12月23日）。

马尔萨斯是18世纪中期到19世纪初期的英国人，做过乡村牧师。在辈分上，他刚好比亚当·斯密年轻一代。亚当·斯密去世那年，他24岁。他的画像基本都是晚年的。因为他天生有些兔唇，晚年才做手术矫正，早年比较抵触别人画他。相信大家今天还能记住他，很大程度上是因为马尔萨斯陷阱。

马尔萨斯认为，人口增长是几何级的，而生存资料，比如粮食的增长，不可能是几何级的，只能是算术级的。所以，经济增长的结果如果导致人口增长，那么所有的增长成果都会被新增的人口消耗，然后经济开始下滑。这是一个死循环，即马尔萨斯陷阱。这是一个非常悲观的论调。200年来的经济学，因此蒙上了一丝阴郁的色彩。

马尔萨斯陷阱绝非毫无意义

你可能会认为马尔萨斯陷阱是错误的。因为后来的事实证明，经济增长不仅没有受人口增长的拖累，反而是一飞冲天。一个错误的理论，还有什么价值呢？

我的答案是，在学习思想史的时候，一个错误的理论的意义，远比我们想象的要大。

时代的局限性在马尔萨斯陷阱的问题上就非常典型。环顾四周，尤其是当下中国，你会发现，我们处在一个资源极度丰富的社会，开始担心人口减少，而不是人口增加。

然而，这只是一项新成就，甚至并不是所有人都如此，多数人只是刚刚脱离了马尔萨斯陷阱。要知道，从明朝到1968年，这600年里，中国粮食产量增加了10倍，人口也增加了10倍，耕地面积增加了5倍。结果是什么？人均粮食和人均收入都不变，也就是人口增加抵消了技术进步以及耕地增加。有学者给这种情况起了个时髦的名字，叫低水平均衡，本质其实还是马尔萨斯陷阱。

中国算幸运的，今天不少落后国家还在马尔萨斯陷阱里挣扎。而且，如果你考察更长的历史，就会发现马尔萨斯的预言不仅谈不上失败，而且是生动的现实写照。人类文明，绝大部分时间处于马尔萨斯陷阱之中。

马尔萨斯出生于1766年，如果穿越回到他的年代，你将看到什么？站在1800年，这时他的《人口论》刚发表两年。当时世界人口刚好10亿，你那时最可能看到的，更多是触目可见的贫穷——所谓马尔萨斯陷阱，其实就是贫困陷阱。

如果你把视线转向西方，工业化前的欧洲，落后得让人认不出来。多数人一辈子没机会做几件衣服，当时医院的一个主要任务，就是保证死人身上的衣服不被偷走。即使是最富裕的英国，当时多数居民享受的物质生活，也与石器时代差不多。

再看中国，乾隆刚刚去世一年不到。大清人口超过3亿，GDP占世界1/3。盛世的影子还在，但多数人的生活水平比欧洲更差。马尔萨斯指出，中国底层人民，靠少得不能再少的食物来维持生活，有的食物甚至是腐烂的。而如果是在欧洲，有的欧洲劳动者宁愿饿死也不愿意吃腐烂的食物。但我觉得，这倒不一定，据资料记载，当时英国济贫院里，就有人为了一根腐烂的骨头打架。

如果你继续穿越，拉长视野，俯瞰人类近万年的文明，就是一个更加彻底的马尔萨斯陷阱。人类文明大部分时间属于农业文明，比起原始时代，农业时代最大的进步是养活了更多人。但这种进步背后，其实有代价，就是降低生活水平。换而言之，农业时代的大多数人生活水平不如原始人，随着人口增加，更多人虽然活了下来，但不得不成为穷人。

这种趋势，主导了人类大部分历史。绝大多数时间，地球就是一个巨大的马尔萨斯陷阱。

人类开始走出马尔萨斯陷阱，是1800年后出现的情况，放在人类一万年的时间维度中，比例非常小，甚至可以看作意外。大家都知道，促成这个结果的关键在于这200年的技术进步。但是，这一过程，其实谈不上颠覆，只是克服了马尔萨斯陷阱的阻碍，也就是技术进步的速度快于人口增加速度，这类似于人类克服了地心引力走向天空，但并不意味着我们消除了地心引力。

我们再来复习一下马尔萨斯定律的原始版本。说的是人口如果不受到抑制，便会以几何级别增加，比如以2的指数倍，2、4、8、16、32、64……这样增加，而食物等却仅仅以算术级别增加，也就是1、2、3、4、5、6、7……这样增加。

大家注意，这其实体现了边际报酬递减的规律，也就是产出不会随着投入同步增加，甚至到达某个点之后，会出现投入增加而产出减少。这种规律，其实就引出一个核心问题，直到今天还困扰着人类，那就是技术也有瓶颈。如果技术不能以几何级别增长，我们这几代人享受的繁荣，还能持续下去吗？比如，我们听到了摩尔定律正在放慢的消息。

《人口论》的诞生

因此，这样看来，人类的历史，就是马尔萨斯定律与技术进步的赛跑。大部分时间马尔萨斯定律胜出，最近200年，技术占优。未来，技术如果不能保持与过去一样的进步速度，马尔萨斯陷阱说不定以别的形式卷土重来。你要小心，直到今天，马尔萨斯定律的幽灵可能还在我们身边潜伏。

马尔萨斯定律代表着一种对人性的悲观主义，而技术进步则代表着人定胜天的乐观主义。二者的区别，在马尔萨斯的时代就存在了，正是这种对立和区别，催生了《人口论》。

1789年法国大革命爆发，激进启蒙思想一时之间风靡全球。这场运动，如彗星一样划过历史，到底是为人类指出了未来的光明方向，还是仅仅为了摧毁现存的一切呢？对密切关注法国问题的英国知识界来说，争论很激烈。

其中，有个作家叫葛德文，大力拥抱激进启蒙思想。他主张人性本善，认为政治制度和财产制度是一切罪恶的根源，只要改革制度，就可以实现平等社会。葛德文属于那个时代的典型公知，在伦敦激进主义圈子很流行，诗人雪莱还是他女婿。葛德文粉丝中，也有马尔萨斯的爸爸丹尼尔。丹尼尔算是贵族，也是哲学家，交往的朋友中也不乏卢梭和休谟这样的大学者。

很自然地，丹尼尔就给儿子马尔萨斯大力推荐葛德文。不过，马尔萨斯并不认同。他认为社会问题并不完全是政治问题，更多在于人性。为了说服父亲，他以匿名方式发表了《人口论》，《人口论》被认为影响了人类历史，达尔文深受影响。

针对葛德文的观点，马尔萨斯提出两个公理：第一，食物为人类生存所必需；第二，两性间的情欲是必然的，且几乎会保持现状。这意味着，出于人性，那么人口的增加速度，将无限大于土地生产能力，每个人分配到的土地数量必然减少，这导致穷人的生活必然大大恶化，许多穷人注定陷入极为悲惨的境地。

法国大革命时，不少人都盯着政治制度，希望一次性解决所有问题。马尔萨斯则不同，他从一时一地的问题中跳脱出来，回顾长期历史。因为人类的技术进步，他的悲观预言，在今天部分落空。但是，他关注人性与历史的思维模式，却没有过时。

马尔萨斯的一生也是逃离马尔萨斯陷阱的过程。他父亲是有钱人，但是他不是长子，没资格继承家业。于是，只好做牧师。他有3个孩子，所以一生经济压力都不小。

马尔萨斯思想流传久远，宏观经济学鼻祖凯恩斯，一大贡献在于提出有效需求原理，而有效需求的思想源头就来自马尔萨斯。

总结一下，这一课我们重新认识了马尔萨斯，了解到因为工业革命带来技术突变，他的悲观预言被人类改变。

画　　重　　点

马尔萨斯陷阱体现了边际报酬递减的规律，也就是产出不会随着投入同步增加，甚至到达某个点之后，会出现投入增加而产出减少。这种规律，其实就引出一个核心问题，直到今天还困扰着人类，那就是技术也有瓶颈。如果技术不能以几何级别增长，我们这几代人享受的繁荣，还能持续下去吗？

熊彼特：

创造性破坏理论对中国制造的启示

　　我在之前几课和你一起重新认识的几位经济学家，代表了古典经济学在19世纪的高峰。从这一课开始，我为你介绍的经济学家，主要活跃在20世纪。今天我们来到维也纳，聊聊经济学家熊彼特（Joseph Alois Schumpeter，1883年2月8日—1950年1月8日）。

　　熊彼特有点贵族身份，一生都带有老派风度。据说他见到女士，都会先微微鞠躬，然后亲吻手背。从小，他给自己定了三大目标：成为维也纳最完美的情人，欧洲最出色的骑手，世界最伟大的经济学家。从结果来看，起码他实现了最后一个。

　　28岁，熊彼特成为奥地利最年轻的教授，36岁成为财政部部长。而他人到中年后，运气好像也用完了。从政从商失败，妻子母亲相继去世。据说他患有抑郁症。不过，最后还算幸运。他去了美国哈佛大学，1950年在那里去世。在哈佛，他培养了萨缪尔森这样的学生，也算功德圆满。

观念试验场里走出的创新理论

熊彼特的贡献，主要是创新理论。提到创新，你可能觉得比较前卫，怎么能和100年前的维也纳挂上钩呢？这是因为，当时维也纳很神奇，本身就是观念的大试验场。

维也纳是奥匈帝国首都，犹太人很活跃，又受德语区影响，诞生了很多大家。奥地利经济学派就不说了，其他领域的伟人也比比皆是。比如心理学家弗洛伊德、物理学家薛定谔、哲学家维特根斯坦、作家卡夫卡等。

熊彼特的老师是庞巴维克，他是奥地利经济学派学者。但熊彼特学成后自成一派。他第一次把创新这个概念引入了经济学。之前的古典经济学，满眼都是价值、地租、利润、工资这样的名词。以往的经济学家，都想抽象出一些静态的概念，再去描述经济现象。但是，熊彼特跳出了这个静态的视角。

这一洞察，离不开时代的刺激。当时，国际格局正面临新旧转换。我们知道，《国富论》出版后，第一次工业革命爆发，特征是蒸汽机的应用。英国拔得头筹，1851年宣布成为世界工厂。第二次工业革命，是从19世纪中后期开始，特征是电气运用。这让德国迎头赶上，化工和电力领域超越英国。当时英国的化学师都要去德国接受培训。

年轻时，熊彼特去过英德游学，目睹大国竞争。他意识到，通过创新，后来者可能会弯道超车，先行者可能会落伍。创新的本质，就是创造性破坏。

这种洞察，现在也不过时。比如iPhone（苹果手机），刚诞生时，主流并不都看好。流行的还是诺基亚之类的手机，强调通话更清晰、信号更强大等功能。

但有人看好iPhone，当时我在上海和一位德国管理教授聊。他手里拿着iPhone对我说，这不是手机，而是一台电脑。我心想，把手机设计成电脑，这路子对吗？事实证明，iPhone的成功正在于此。

苹果，直接重新定义了手机。iPhone不仅是微型电脑，而且是件欲望商品，人人都想要。苹果就此开创了一个智能手机的新行业，顺带摧毁了传统手机行业。原有的巨头凋零，诺基亚破产、爱立信退出。

有点类似小说《三体》的黑暗森林原则，摧毁你，与你无关。熊彼特很早就领悟到这点。创新，必然是在创造中破坏，在破坏中创造。

为什么诺基亚不能设计出iPhone？这是因为技术不是核心，而且关键还在于对创新的理解。

创新分为连续性创新和破坏性创新。一般人理解的创新，往往是前者。就像成功企业意味着更专注核心客户和市场需求。所以，连续性创新做得不错，破坏性创新做得一般。恰恰只有破坏性创新，才能颠覆行业。曾经的诺基亚，是十多年的行业龙头。躺在以往的成功上，注定它更多关注连续性创新。智能手机属于破坏性创新。诺基亚即使发明出智能手机，也不会全力推广。很类似的逻辑是，下一代手机颠覆者，很可能不会来自苹果。

破坏性创新一旦成功，淘汰系统也会自动启动，以往的生产技术与经济过程，都可能被摧毁。汽车淘汰马车，打火机淘汰火柴，智能手机淘汰老式手机。旧行业也许会整体消失，企业倒闭，工人失业，贷款违约。

这是创新的黑暗面，可能让人觉得可怕。那么，为什么还要提倡创新呢？这是因为虽然具体公司和行业一旦被颠覆，确实很不幸。但从整个经济层面来看，有不一样的高度。

原本一潭死水的经济，通过创新，变为动态的系统。和自然界一样，经济也拥有了进化机制。淘汰旧的的同时，新的正在诞生。行业的生生死死，推动经济不断更新。这种一边创造一边毁灭的特质，成为繁荣的最大动力。创新，就像市场经济的基因变异，创造了经济的竞争力和多样性。市场经济的本质，不是贪婪，而是创新。

中国的创新故事

创新有很多种。今天流行从0到1，好像从无到有才是创新。其实不少创新，只是旧元素的新组合。熊彼特认为，将生产要素和生产条件重新组合，投入生产体系，也能实现创新。

比如"扫一扫"功能，大家付款、购物、点餐等都在用，每天有数十亿人次使用。这个不起眼的功能，决定了中国在移动支付领域领先世界。可是，里面的两项技术并不新。日本在1994年发明了二维码，而身份识别技术，二战后期就有了。中国人将二者结合，放在新场景，这就是创新，中国企业也获得了扫一扫的专利权。

新组合，不仅体现在小创新上，还能体现在大创新上。这些年，总有人认为中国制造很低端，需要全面改变。这种认识听起来很对，但是并不全面。

对照熊彼特的理论，我们可以看到不同的局面。中国制造的起步过程，就是一个伟大的创新故事。改革开放之初，中国技术水平远低于国际。中国通过合资或进口引入外国技术。这些技术与中国特有的土地、人力一结合，就释放了巨大的能量。这个过程改进了生产技术与经济流程。中国制造也实现了产业群升级换代，从弱小走到世界前列。这就是创新。只要这个创新过程没有结束，中国制造就还是富国强民的根本。

经济发展是什么？熊彼特认为就是创新的结果。因此，尽可能从国外引进和学习先进的技术，并进行创新，无论是中国还是日本，都曾这样走过。

创新、发明家与企业家

此前的经济学，基本是静态地看经济。只有熊彼特，看到了资本主义的动态本质，那就是永不停息的变动与更迭。在这个过程中，新技术、新流程源源不断地诞生了。当然，经济中的胜者与败者，也不断分化。按照马克思的比喻，就是从地底下呼唤出，从未见过的庞大生产力，如同一匹野马一般奔跑。

　　谁在驾驭这匹野马呢？是企业家。生产要素散落世界，很自然，需要这么一类人，能在各种各样组合里，做出决策。

　　创新往往是发明，企业家是否也是发明家？不一定。熊彼特强调，企业家必须和发明家区分开来。发明是一回事，而使发明有效是另外一回事。这是两个完全不同的任务，需要不同的才能。

　　比如，有人发现iPhone的核心技术都不是新技术，多项技术的发明者居然是美国政府。但是，其中没有创新吗？当然有，而且是层次很高的创新。通过将不那么新的技术加以整合，获得市场成功，这恰恰是企业家精神的创新体现。这样一来，我们就可以理解爱迪生的伟大不仅仅在于他发明了电灯。他的成功，在于他使电灯这样的发明，得到广泛应用。

　　创新，需要快时代一步。这意味着，创新者想要得到承认，反而可能更慢。从提出新理论的角度，熊彼特也是一个创新者。他和凯恩斯都出生于1883年，那一年刚好马克思去世。熊彼特对凯恩斯，一辈子都有瑜亮情结。两人一百周年诞辰时，福布斯杂志做了个特刊。两人都上了封面，凯恩斯面前有好几支蜡烛，熊彼特只有一支。蜡烛多少，代表了两人的现实影响力。熊彼特影响不如凯恩斯，或许在于他的理论本身就太超前。这是先行者的价值，也是先行者的寂寞。

　　熊彼特爱书，他藏书最多在哪里？不是哈佛，不是维也纳，而是日本东京边上一座小城。他曾在日本一桥大学讲学。到今天，那里还设有熊彼特图书室。樱花时节的一桥，非常美。

画　　重　　点

对照熊彼特的理论，我们可以看到不同的局面。中国制造的起步过程，就是一个伟大的创新故事。改革开放之初，中国技术水平远低于国际。中国通过合资或进口引入外国技术。这些技术与中国特有的土地、人力一结合，就释放了巨大的能量。这个过程改进了生产技术与经济流程。中国制造也实现了产业群升级换代，从弱小走到世界前列。这就是创新。只要这个创新过程没有结束，中国制造就还是富国强民的根本。

科斯：

如何从交易成本概念理解中国发展？

这一课开始我们进入更为现代的经济范畴。聊一聊重要的经济学家科斯（Ronald Harry Coase，1910年12月29日—2013年9月2日）。他开创了法律经济学和新制度经济学两大领域，1991年获得诺贝尔奖。在知名经济学家中，他大概是最为长寿的。1910年出生于英国，2013年在芝加哥去世。

科斯从小腿不太好，还上过残疾人学校。他的人生一开始，就和普通人不太一样。或许正是这个原因，科斯的研究往往能跳出传统框架。经济学家张五常和科斯相识多年。张五常这样评价科斯：个性很强、观点顽固，对当时盛行的许多理论漠不关心。

这就是科斯，一个不走寻常路的人。他的一生，最重要的思想成果，不是书，而是几篇论文。你要是仔细读过，会发现他强调的，总结下来，就是交易成本这件事。后人根据他的论文，总

结出了科斯定理。最通俗版本是这样说的：只要产权明确，并且
交易成本为零或者很小，那么，无论初始产权界定给哪一方，最
终结果都是资源配置最优化。如果你还有进一步了解科斯定理的
兴趣，建议你去阅读张五常的书，或者听薛兆丰老师的课。

交易成本让问题回归现实世界

这门经济思想的课里，我想要跟你交流的是，为什么科斯会
提出这一思想？这和一场争论有关。20世纪30年代，计划经济
兴起。苏联模式吸引了世界关注。苏联如同一个管理有效的大工
厂，一切都依靠中央计划，生产者人数和消费的多少，都清清楚
楚，一切看起来井井有条，更科学。很自然地，这种模式赢得不
少经济学家的支持，主要以兰格为首。你可能知道，奥地利经济
学家学派的米塞斯、哈耶克，站在了反对一方。他们的主要理由
就是，价格体系应该由市场决定。

这场争论的关键，就是市场经济和计划经济谁更有效。在当
时，谁也不能完全说服谁。这时，科斯还只是个20岁出头的年轻
人。他是哈耶克的粉丝。

但是，一些问题还是没有答案。按照当时主流经济学家的
看法，市场能够有效地配置资源。多数经济学家全盘接受这个假
设。科斯的个性在这里发挥了作用，他没有人云亦云，而是提出
了一个关键问题。在市场掌握一切的世界中，按道理不需要计
划，也不需要企业。那么就有了一个矛盾：企业为什么存在？

他的灵感，来自一次美国之行。在那里，他考察了通用汽车公司。通用这样的大企业，明显带有计划色彩，在西方发展得也不错。既然如此，为什么整个经济不能像一个苏联式的大型工厂那样运行呢？

如同《皇帝的新装》中那个诚实的小孩，科斯看到了现实中的各种企业。他没有像其他人那样装作看不见。他诚实地思考，也找到了理论的答案。既然企业在现实中存在，那么无成本的世界这种假设，自然就不成立。所以，只要是真实世界，必然存在交易成本。

交易成本的存在与否，就是真实世界和理想世界的区别。科斯之前的经济学家，是怎么看世界的呢？他们认为，世界中正常的经济体系，自行运转，没有任何阻力与摩擦力。这种情况下，市场中的每一个人，都可以无成本完成交易。与此同时，通过分工、市场交易机制，把交易衔接起来，完美达到所谓"市场出清"状态。

瓦尔拉斯出清或者阿罗–德布鲁均衡就是这个意思。这类似于一个不存在重力与摩擦力的物理世界，并不真实，但没有人敢指出来。只有到了科斯这里，他才让我们从完美的假定中走出，回归真实世界。

交易成本视角下的中国发展

所谓交易成本，也就是为了达成一笔交易，我们前前后后的付出。听起来比较抽象，设想一下，你如何买一门线上的课程？从下载软件到挑选科目，从选定老师到交易付款，从付款到听课评价，等等。这中间各个环节，再好的服务，也都存在偏差的空间。以支付环节为例，现在支付已经很方便，多数情况下网上付款就好了。不过，可能还是会出现各种问题：软件下载不了，网络不好，支付限额有问题，等等。你再多想一下，网上银行的流行，其实是这些年才有的事。在此前，网上买课，很难操作。

可见，就是买一门线上课程这样最简单的交易，都涉及各种成本。这就是真实世界的样子。交易成本这一理论的伟大，也就在这里。它刷新了经济学的认知，把经济学家带回了真实世界。回头看计划经济和市场经济的争论。从科斯的视角来看，答案就比较清楚了。中央计划和市场交易，单纯说谁好谁不好，没有多大意义。科斯认为，计划和市场，是不同的组织形式。谁更有效率，关键在于谁的交易成本低。

结合交易成本概念，我们也可以更好地理解中国的发展之路。改革开放之前的中国就是一个超级大公司。工作、粮食统一分配，价格统一核定。那么大的规模，管理起来非常难。信息无法传递，劳动积极性无法维持。最后甚至连基本温饱也无法解决。这是组织成本，组织成本就是交易成本的一种。计划经济之所以低效，就是因为交易成本太高。在实际运行中，至少远高于市场经济中的交易成本。

理论上，计划经济看起来很有效率。但实行起来，考虑到交易成本，可就没有那么理想了。厂家和消费者都是分散的，收集申报和汇总信息本身就有成本。苏联国家计划委员会，据说最多拥有1200万个计划指标，分门别类，非常细致。但收集这些信息后，汇总再分发各处，也需要成本。而现实经济的交易情况，往往随时在变化。掌握及时完整的信息，几乎成为不可能的任务，更不用说执行和监督成本了。如此庞大的交易成本，最终导致整个组织人浮于事，流于形式。所以有个笑话就说，当时苏联假装发工资给工人，工人假装在干活。

中国当年的改革，同样符合科斯定理。20世纪80年代，中国逐步放开价格控制与统一计划。于是，资源逐步让渡给市场去配置。过去40年的改革成就，分为两步。首先是从计划经济到市场经济，其次是不断降低市场中的交易成本。交易成本的不断降低，让市场得以不断扩张，资源配置效率也得以不断提升。

有位著名经济学家在讨论课上批评说，交易成本的概念在国内存在滥用的现象。什么事情成了就说交易成本下降，什么事没成就说交易成本太高。这有些道理，但也揭示了一个关键，那就是交易成本这个概念，确实无处不在，可以很广泛地运用。今天，我们审视交易成本这个概念，与其说它提供了清晰的答案，不如说它教会我们一种全新的提问方式。它迫使我们正视真实世界，追问背后的底层问题。

很多现实问题，在交易成本的检验下，核心就变得非常立体。从此，人们也获得了更加清晰的洞察。如果说斯密的"看不见的手"回答了一个关键问题，即市场经济为什么有效，那么科斯的交易成本则回答了另一个关键问题，即现实为什么是残缺的。现实的这种残缺，恰恰提供了可以改进的空间。面对每一个不完美的状态，我们都可以发问：交易成本是哪些？为什么会有交易成本？这些交易成本如何导致不完美？借此可以开启对真实问题的研究与改进。新制度经济学之所以被开创出来，突破点就在这里。

你看，这是所有优秀思想者的特点。他们不是空穴来风地提出一套新想法。他们身上都有两个特征：第一，跳出原来的框架，找到解释问题的新角度；第二，回应现实，对时代性的问题给出独特的答案。

在著名经济学家中，科斯对中国的感情，最不一般。晚年，他和中国助手王宁出版了一本《变革中国》，对中国改革提出很多建议和构想。书中说，中国的奋斗是全人类的奋斗！中国的经验对全人类非常重要！希望在你们，希望在中国。

科斯没有子女。他去世后，是王宁将他的骨灰安葬。王宁发过一张科斯墓地的照片给我。一片绿绿葱葱的草地上，有一块青色的石碑。石碑看起来很普通，并不大，甚至有点矮。上面刻着几句话，其中一句这样说：他的思想，曾经鼓舞了伟大的中国转型。

画 重 点

　　中国当年的改革，同样符合科斯定理。20世纪80年代，中国逐步放开价格控制与统一计划。于是，资源逐步让渡给市场去配置。过去40年的改革成就，分为两步。首先是从计划经济到市场经济，其次是不断降低市场中的交易成本。交易成本的不断降低，让市场得以不断扩张，资源配置效率也得以不断提升。

阿尔钦:

保护产权就是保护人权?

这一讲我们来聊聊经济学家阿尔钦（Armen Albert Alchian，1914年4月12日—2013年2月19日）。1914年他出生于美国。他的研究主要是产权领域，可以说是位被低估的大师。早在20世纪70年代，哈耶克就说，阿尔钦应该获得诺贝尔经济学奖。

知名经济学家张五常是阿尔钦的学生。他说，阿尔钦的特点是会像小孩子一样发问。通过简单的提问，阿尔钦往往可以引出深刻的洞察。比如有一天，阿尔钦接到一位读者来信。这位读者在华盛顿州，这里本来盛产苹果。不过他却发现，市场上的苹果都又小又丑。那些又大又好的苹果，却往往出口外地。

读者怒问，这是为什么？阿尔钦思考之后，给出了解释。假设买好苹果要1元，差苹果要0.5元。那么，在华盛顿，买一个好苹果花的钱，能买两个差苹果。如果苹果在外地，无论中东还是中国，算平均运费0.5元。那么，好苹果在外地就要卖1.5元，差苹果要卖1元。对比之下，在外地吃好苹果，变得相对便宜了，而差苹果，却变得相对贵了。

因为存在运输等成本，所以好商品在外地显得更便宜，也更受欢迎。当相同的成本被加在相似商品时，消费者倾向于选购优质商品，这就是"阿尔钦艾伦定理"。这可以解释为什么进口车不少是豪华车，代购为什么喜欢买奢侈品。

人才该往哪里去？

更进一步，可以借此思考，人才该往哪里走。我有个朋友写职场专栏多年，一直有年轻人写信求助。10年前，总有人问要不要去二线城市发展。后来几年，更多是问四五线城市的发展机会。这是不是说明一线城市没机会呢？恰恰不是，写信的人多数来自一线。每年都在喊逃离北上广，实际呢？一拨拨年轻人，依然源源不断地涌入大城市。

受过良好教育的年轻人是劳动人才主力，也是最宝贵的资产。如果你去日本一些小地方，可能半小时都看不到年轻人。我和一些地方议员聊过，不少人的口号也是地方振兴，也有不少政策。但年轻人流向东京这样的大城市，几乎是无法阻挡的趋势。

大城市又挤又贵，为什么大家都要去？阿尔钦的苹果理论可以解释这个现象。把苹果置换成人，把运费置换成在大城市的房租等生活成本。你会发现，如果你是一个优秀青年，大城市成本高，但机遇也多。比较下来，发展相对好于小城市。

阿尔钦的产权制度研究

　　说完阿尔钦研究方法特点，接着说他的研究特长，也就是在产权制度方面。他如何定义产权？简单来说，产权是一个社会强制实施的，选择一种经济品的使用与用途的权利。所以，产权包含三个基本要素。首先是选择资源用途的排他性，即只能是你自己，而不是别人，可以对选择做出相关决策。其次，从资源获得收益的排他性，即你获得这个资源产生的全部收益。最后，相互同意交换的权利，即你可以就你掌握的资源，与别人交换。

　　理解这三个要素，可以消除很多误解，比如阿尔钦之谜。假定1000人的小城，有一座剧院。剧院采取股份所有制，1000个居民都有股份。同时，小城还有一座教堂，属于共同财产，也归这1000人所有。

　　你能看出这两种产权的归属有什么区别吗？从表面看，剧院和教堂都属于居民，似乎没有区别。但对照产权要素，区别可大了。原居民离开小城，还可以从剧院的股份中获得收益。但教堂不一样，人离开了，就无法使用了。反过来说，一个新居民无法获得剧院的收益，但却可以使用教堂。

　　从产权三要素来看，可以看出剧院是私有财产，教堂则是公共财产。结论是什么？居民对私有财产的关心程度，不会随人数增加而降低。相反，对公共财产，关心程度则会随着人数的增加而递减。

这个案例是虚构的，却有现实意义。如果场景换成农村土地，其中的争论就可以看得比较清晰。在过去，集体土地是公共财产。所以，生产大队人数越多，大家偷懒的动机越强。农民积极性不高，大锅饭尽量多吃，活尽量少干。生产不好，常常吃不饱。包产到户后，土地收益有很大一部分归属农民，干多干少完全不同，于是，土地就具有了私有财产的属性。农民的积极性问题，一夜之间就解决了。

保护产权就是保护人权

除了张五常，阿尔钦在国内学界也有很多粉丝。不过，经济学看问题的"正确"，可能与普通人日常理解的对错，未必一致。

比如，国人对名校很热衷，但名校招生歧视的新闻也不少。2018年，哈佛大学就被起诉歧视亚裔。理由是有人认为，条件相同时，亚裔学生录取率可能低于其他族群。

这听起来很不公平。种族歧视是很敏感的话题。很多人的第一反应是加强立法。但想一想，这真的有用吗？上有政策下有对策，一些人还是可以巧立名目，实施隐性歧视。更不用说当年保护黑人的立法也许就成为今天歧视亚裔的来源。而歧视带来的问题不只如此，甚至连白人群体也在抗议遭遇逆向歧视。

那如果立法不能解决歧视问题，什么方法更公平？阿尔钦的思路是绕开歧视，回到产权。今天亚裔遭遇入学歧视的问题，与历史上黑人租房遇到的问题极其相似。

故事要从种族隔离说起，种族隔离在美国历史上一直存在，二战后才逐渐改变。过去，一个黑人妇女想从白人房东手里租房，可能有很多问题。如果产权完善，白人房东可以完全决定房租。就算房东喜欢白人，黑人妇女还是可以通过增加房租来获得机会。相反，如果房东对房租没有太多定价权，例如当地政府对房租水平进行管制。那么价格相同或者相差不大时，房东肯定倾向于租给自己喜欢的人，比如白人。

没学习过经济学的人，往往有一个疑问。富人等强势群体，往往是有产者，产权是不是更多保护富人？在西方也有人权优于产权的争论。阿尔钦认为，产权其实是一种人权，保护产权就是保护人权。二者并不矛盾，而是相辅相成。完善的产权可以抵御歧视，而这恰恰可以有效保护黑人、穷人等弱势阶层。让房东有权决定房租，道理和大学自主招生一样，本身就是产权的体现。当大学或者房东拥有完全的定价权，亚裔或者黑人才可以通过价格机制来赢得参与机会。

正确理解和看待歧视问题

你可能会说，高价租给黑人，还是歧视。这也许没错。但歧视在经济学中的含义有些不同。从阿尔钦视角来看，歧视无处不在，竞争就是歧视的同义词。

人们为什么会有歧视？最根本的原因就是选择太多，而资源又是稀缺的。为了节省判断成本，人们往往根据一些简单信号来做选择。比如，名校就意味着能力，在大公司工作过就意味着背景良好。这在一般人看来，是给人贴标签，是歧视。但反过来说，这也是在帮助人们更快做出决策，有一定的合理性。

真实世界，歧视无处不在。年龄、学历、种族、性别等都可能成为歧视来源。不少招聘广告上的歧视是赤裸裸的，而现实中的歧视，可能是静悄悄的。呼吁解除歧视当然是政治正确，但未必完全有效。从经济学角度看，解决歧视问题要换个角度，也就是说，要理解歧视有价。

经济学是关于选择的科学，而有选择必然有歧视。选择了甲，其实就是歧视了甲以外的所有人。反过来说，有歧视，也必然有成本。选了甲，也就承担了不要甲以外所有人的代价。歧视者缩小自身选择范围的同时，也不得不付出更高的代价，或者说得到更低的价值。前面租房案例，确实存在一种可能性，就是白人房东以较低房租，把房子租给白人。表面来看，黑人房客遭遇歧视，其实房东也受损了。他为自己的歧视行为付出的代价是只能收取比较低的房租。

如果你被歧视了，怎么办？最好方式是加强自身议价能力。就像黑人租客，有能力给出更高价格，就是克服歧视的途径之一。如果你是一般学校就业者，那么就要在文凭之外，给雇主更多证据证明自己的能力。对可能遭遇歧视的亚裔学生而言，除了抗议，更应该在成绩等之外展现自我。即使哈佛不录取，别的名校也会注意到这些学生。

阿尔钦对真实世界的很多看法，已经成为经济学最基础的洞察。对普通人来说，记住产权就是人权和歧视就是竞争这两大智慧，就足以改变很多认知。前面说，经济学中的正确与错误，也许和一般人理解的不太一样。有人就总结，政治正确、智商与勇气这三个优点，人往往不能全部拥有，最多拥有其中两项。阿尔钦明显选了勇气和智商，放弃了一些也许并不那么正确的政治正确。

画 重 点

　　阿尔钦对真实世界的很多看法，已经成为经济学最基础的洞察。对普通人来说，记住产权就是人权和歧视就是竞争这两大智慧，就足以改变很多认知。前面说，经济学中的正确与错误，也许和一般人理解的不太一样。有人就总结，政治正确、智商与勇气这三个优点，人往往不能全部拥有，最多拥有其中两项。阿尔钦明显选了勇气和智商，放弃了一些也许并不那么正确的政治正确。

赫维茨：

获取真实信息需要什么样的机制设计？

在课程的第一模块，我们主要谈了制度与经济。从斯密开始，我们逐渐深入制度的不同层次。这一讲是第一模块最后一讲，我想谈谈和生活更紧密的制度。这一讲我将向你介绍经济学家里奥尼德·赫维茨（Leonid Hurwicz，1917年8月21日—2008年6月24日），他的主要贡献是开创了机制设计理论。

他90岁获得诺贝尔奖，是历史上最年长的获奖者。赫维茨1917年出生于莫斯科，因二战来到美国，像他这样为躲避战争而来到美国的欧洲学者不少。所以有人就说，美国二战不是赢在战场上，而是赢在这些学者所在的大学。

机制设计是为了让人说真话

随着大数据时代来临，不少人抱怨电商杀熟。这首先是搜索引擎和用户之间的博弈——电商如何通过有限的信息让用户消费更多。这背后与我们今天所谈的机制设计，大有关系。

我们所在的世界，是一个信息不完全的社会。所以，如何利用最少的信息，达到最优效果，是成功的关键。所谓机制设计，就是在信息不完全的情况下，如何设定一套对应的规则，来达到特定目标。比如，如何让人说真话。

有个关于古代贤君所罗门的故事。有一天两个女人争夺一个孩子，闹到所罗门这里，请他判决。两人都声称孩子是自己的，各不相让，但都没有足够的证据。所罗门就说，既然如此，为了公正，那把孩子劈成两半，一人一半。听到这话，一个女人表示同意，说大王英明。另一个女人大哭，说孩子我不要了。这时，所罗门就对大哭的母亲说，孩子归你。为什么？因为只有亲生母亲，才宁愿不要孩子，也不要孩子死。

故事是老故事，如换成机制设计的思路来思考，故事的本质是什么？所罗门提出的解决方案的目标，是考察谁是孩子的亲生母亲。前提是假设，亲生母亲心中排在第一位的要求，永远是自己的孩子必须活着。那么所罗门提出"把孩子劈成两半"，来检验到底谁才是孩子亲生母亲的策略，才能达到目标。

你可能会说，假母亲有点笨。如果她猜到所罗门的意图，也假装不要孩子，那怎么办？确实，出于利益，人们往往不会说真话。对此，经济学有什么好方法吗？真有。一个方法是，所罗门王可以在两位母亲中进行拍卖，出价低的一方的价格会被当作罚金。这样，真假母亲为了自身利益，都不得不真实出价，而价格就可以暴露真假。这个方法，在其他场合都可以使用，正是体现了机制设计思路。

激励相容原理与显示性原理

什么是机制设计理论呢？简单来说，就是如何让人在行动过程中透露真实信息，并据此得到设计者期待的结果。最早的理论框架，来自赫维茨。他不仅是机制设计理论的奠基人物，还解决了其中两个重要问题：激励相容原理与显示性原理。

什么是激励相容原理？简单地说，一个机制或者政策，要达到设计目标，必须让个人理性与集体理性相容。也就是说，必须达到"主观为自己，客观为他人"的目的。否则不论政策设计的初衷是什么，都会落空。比如在计划经济时代，为了保障工业发展，而压低农产品价格。这样一来，农民缺乏激励，产量也会下降，这就是激励不相容。反之，农村的包产到户，则是体现了激励相容。

显示性原理就是在信息不对称情况下，每个人只知道自己的意图与情况，只能猜测别人的意图与情况。这时，需要设计某种激励机制，诱导相关的人暴露出真实信息与意图。在一个经济活动中，如果每个人在日常生活中传递出来的都是假信息、假意图，事情就没法做了。想要高效地做事，解决信息的真实显示与传递很重要。显示性原理就是用来解决这个问题的。就如同所罗门的案例，通过拍卖来解决显示性原理，这可以使真假妈妈都说真话。以此消除信息不对称，从而可以达到次优结果。

比如政府机关拍卖资产，这是常事。但政府也是人在管，具体的个人也不知道手上资产的真实价格，如何能卖出好价格？这有几种办法。比如可以去有潜在兴趣的公司询价。有些公司为了入局，往往会夸大报价。但这样的价格，并不是他们的真实报价。后面支付很可能会出现问题，所以有缺陷。此外，还可以拍卖，价格最高的人获得资产。这种方式的好处，就是公司不会夸大报价，但是也有问题，就是大家往往倾向于压低报价。

那还有没有更好的方法呢？诺贝尔奖得主、经济学家维克里提出一个方法。那就是，还是价格最高的公司拍得资产，但按第二高的价格支付。在这种机制中，最后的成交价不是中标者的报价，而是由出价最高的未中标者的报价决定的。于是，每个出价者的最佳决策，是按照自己的真实评估来出价。他也不用猜测别人的评估值，来决定自己的出价。反正，只要自己的出价高于别人，就能胜出。反过来，如果自己的真实评估值低于别人，他也没有必要抬高价格去争夺。这样一来，大家都真实出价。最后的成交价，就基本反映了参与者中真实的评估值。

这个方法也是机制设计理论的运用。首先，通过显示性原理，诱导参与者给出真实信息。其次，满足激励兼容原理，个人理性与集体理性兼得，从结果来看，对拍卖者和购入者是双赢。这种拍卖方式，不是论文上的空中楼阁，而是已经应用在美国无线电频的拍卖中。机制设计理论除了在理论上具有突破意义，在解决配置资源中也相当有用。

激励问题的重要性

我们都知道市场机制是好东西，但市场也存在失灵的时候。那么，哪些情况下市场机制有效，哪些情况下市场机制无效呢？市场失灵的时候我们应该怎么办呢？这正是机制设计理论可以大显身手的地方。

机制设计理论为什么重要？关键在于，它解决了激励问题。你会问，激励重要吗？答案是肯定的，没有激励或者给错了激励，整个社会就会乱套。在经济生活中，核心冲突是稀缺，而协调市场与社会冲突的出路则在激励。

斯密在《国富论》中就已经开始思考激励问题。他认为世界在自利的引导下有序发展，"看不见的手"在其中发挥了决定性作用。《国富论》中强调，每个人追求自己的利益，最终更有效地促进社会的利益。可见，斯密所指的激励就是个人利益，但这是理想状态。在现实社会中，由于信息不对称，市场并非总是有效。稀缺资源的自发分配难以达到最高效益。不仅市场上存在不完全公平和自由的竞争，消费者与生产者之间也存在很明显的信息不对称。

中国A股曾经也是卖的比买的精，各种内幕交易更是令人防不胜防，散户们惨遭被收割的命运。如果希望股市健康发展，那么就要保护散户。在这个目标下，我们可以思考一些解决方法，比如更多引入集体诉讼或者投资者的做空机制。这是应对管理不善，甚至造假现象的一种平衡手段，从而可以促使公司管理层更用心地为股东创造价值，而不是为自己谋利。

最近40年来，激励问题更是日益成为经济学关注的重点。只要利益与代价不相等，就会存在激励。赫维茨的理论让我们明白，有什么样的制度，就有什么样的激励机制，也就有什么样的组织行为。反过来，为得到要求的组织行为，我们可以设计特定的制度与激励机制，经济运行只是制度的后果。管理学有句名言，你考核什么就得到什么，而机制设计理论就是反过来应用这一点：你要得到什么，就设计什么。

在亚当·斯密上百万字的著述中，"看不见的手"只出现了3次。机制设计理论与"看不见的手"紧密相关，却意识到"看不见的手"有失灵的时候。过去经济学家只满足于解释世界，而机制设计理论则让人们看到改造世界的希望。

赫维茨最高学位只是波兰法学硕士，却在明尼苏达大学一路做到教授。据说当他的博士生，都很难毕业，考试也很难，但并不妨碍他桃李满天下。他的门生麦克法登比他更早获得诺贝尔奖，中国学生、上海财经大学经济学院院长田国强在推广经济学方面更有不少贡献。我和田国强老师聊，他认为赫维茨的研究体现了逆向思维。不像新古典经济学那样，将制度、机制视为标准，而是将经济环境视作标准，这更符合现实，由此也引发了一场革命性的学术创新。

从斯密开始，经过李嘉图、马尔萨斯、熊彼特、科斯，最后是赫维茨。这一模块我们介绍了制度的不同层次，从国家制度到企业制度，再到我们身边的机制设计，目的在于让大家理解经济运行的制度基础。

画　重　点

赫维茨的理论让我们明白，有什么样的制度，就有什么样的激励机制，也就有什么样的组织行为。反过来，为得到要求的组织行为，我们可以设计特定的制度与激励机制，经济运行只是制度的后果。管理学有句名言说，你考核什么就得到什么，而机制设计理论就是反过来应用这一点：你要得到什么，就设计什么。

政府与发展

徐瑾经济学思维课

布坎南：

政治人物其实也是经济人？

这一讲我们聊聊经济学家詹姆斯·布坎南（James M. Buchanan，1919年10月3日—2013年1月9日）。他算是美国土生土长的经济学家，这也反映了美国经济学在20世纪中叶开始逐渐崛起。

他1919年出生于田纳西州一个农场，小时候还干过不少农活。他日后调侃说，做学术就是比耕田好一些的工作。

他的一生，有一些算是巧合的地方，比如美国第15任总统和他同名，也叫詹姆斯·布坎南，而他的祖父做过州长。或许正是这些巧合，导致布坎南一辈子研究对象之一就是美国政府。

你和人聊经济学，肯定有人会这样说：经济学只关注市场，不关心政治，所以研究出来的理论，一旦触及现实问题，不少时候就失灵了。学了这门课，你就知道事实并非完全如此。经济学从诞生起就是政治经济学。后来学术分工后，有了不同门类。下面介绍布坎南开创的公共选择理论，这对分析现实非常有帮助。

政府并不是中立的？

2019年春节，不少朋友去美国度假。我的一位朋友兴冲冲地在行程中安排了很多参观。大家都知道，美国国立博物馆藏品多，很多还不收费。结果，他这次吃了闭门羹。一查，原来美国政府关门，波及美国国立博物馆。这是美国政府历史上关门时间最长的一次——35天。从20世纪70年代到现在，美国政府差不多关门了20次。

参观不了博物馆是小事，公务员也领不了工资，而且政府对不少大事根本无可奈何，比如立法之类，所以才关门。美国政府关门，本质正是一种政府失灵。政府可能失灵，这是公共选择理论的一个重大发现。之前，美国经济学家研究市场，发现有市场失灵现象。他们往往认为美国政府是中立的，市场失灵时，美国政府介入反而是有效的。

布坎南认为美国政府并不是中立的，也不是无所不能的。而且，负责制定与执行政策的是具体的美国官员，并不是没有私心杂念的圣徒，他们同样会追逐个人私利。美国政府官员也不是掌握一切信息与决策能力的全才，其决策同样可能是短视的。也就是说，和市场一样，美国政府也会失灵。

美国政府失灵，导致政府关门，还不是最坏的情况。2008年

10月，冰岛成为欧洲债务危机爆发的第一站——30万人口，人均负债37万美元。当时冰岛总理进行了电视直播，宣布国家处于破产边缘，股市关闭，三大银行全部收归国有。事后，这位总理也因为渎职罪遭受审判。这不仅仅是金融危机的问题。可见，有时政府失灵导致的是经济崩溃，甚至国家破产。

政府不是家庭，政策牵涉千家万户的公共利益。在公共选择研究路径之下，政府行为本身也就不再是一个黑箱了，而是可以被经济思维照亮的。

理性看待政府决策

那么我们该如何正确和理性地看待政府呢？这里需要了解公共选择理论的两个要素。第一，政治也是交易，是政府部门以及政府官员为了各自的利益，进行的各种交易。第二，官员也是人，也有自己的利益考虑。

可见，人在政治市场上，也是追求自身利益最大化的经济人。由此，经济学的庞大武器库就有了用武之地，可以用来分析表面看起来面目模糊的政府机关了。

布坎南说美国政府不是神，它并没有无所不在和正确无误的天赋。而公共选择可以让政客或政策，成为经济分析的一部分。这改变了以往对"哲人王""贤人政治"的预期。正是以往这种预期，导致了专制的开始。

比如环保，大家都觉得好。什么是重点？如果认为是尾气，那么比较方便管理，出台尾气规则就可以了。而这将导致各个汽车厂商不得不有求于相关部门。这些部门的权力自然也就扩张了。至于其他，比如散烧煤也许对空气污染影响更大，但是监管部门很难监督和管理。因此多数情况下，大家可能就没有动力去分析和做政策研究。

人制定的政策，有对有错，就像私营企业一样。不同的地方是，如果私人企业做错了，它们自己会承担损失。也正因为如此，它们有更大的动力在决策前收集尽可能多的信息，尽可能谨慎。

相反，政策决策所产生的利益，只有小部分能够与官员自身利益联系。这样一来，信息收集与决策努力的动力，很可能是不足的。比如在美国，议员的工作涉及立法，理论上要做很多准备研究工作。但议员都比较忙，不少时候要依赖外部力量，最典型的是智库。智库多数标榜独立，但往往与各类公司有千丝万缕的关系。也正因为如此，国会山的一些法案背后，总有相关利益集团的影子。大家都说华尔街是美国的象征。其实，决定美国命运更多是另一条街——华盛顿的K街。这条街在国会山和白宫间，真正意义上连接财富与权力。我去过那边，街不长，也不显眼。但两边密密麻麻的全是知名机构，你能想到的智库、公关公司多数在这边。

更进一步，私营企业有现实的经营压力，犯错容易被发现。这使它们快速做出决策，退出导致损失的领域。就像万达2017年决定转型，就大量出售资产。但政策反馈机制不是如此。做出决策的官员，承认错误可能需要个人付出代价。相反，继续投入资源或者掩盖错误，却更符合自己的利益。这种情况下，很多错误无法被迅速纠正，反而有更多的资源不断地投入其中。

例如，中西部的一些县城，总有"鬼城"的传说。在前些年招商引资最高峰时，花费巨资修建了大规模的工业园区。但对园区做什么、怎么用，并没有进行充分的研究。从地方看，建设园区时GDP（国内生产总值）好看了，这可能最重要。现在这些工业园本应该被改造，但现实往往是园区继续存在，现状一片萧瑟。

布坎南看凯恩斯

如果说市场失灵是偶然，那么政府失灵却是常态。除了微观政策，宏观经济政策也是如此。

例如，对大家影响最大的投资领域。大家都知道，凯恩斯主义认为经济处于衰退时，政府为了缓解失业应该加大投资。受到这一理论影响，美国财政发生重大改变。预算平衡不再是政府追求的首要目标，公共开支刺激成为可以接受的政策。

在1946年以前，美国多数年份是财政盈余。而赤字的情况往往出现在战争或者大萧条时期。尽管战后美国政府也努力平衡预算，但是进入20世纪60年代之后，预算平衡的年份越来越少。从1967年到1996年，盈余的年份只有1969年。

只要经济状况继续往好的方向发展，大家也不计较什么。可是进入70年代之后，美国经济出现了滞胀危机，也就是通货膨胀和经济放缓同时存在。有的年份通胀率超过10%，失业率也居高不下。

凯恩斯的理论对错，这里暂时不讨论。布坎南在70年代从公共政策角度出发进行研究，他指出，即使凯恩斯主义理论正确，实施起来也有问题。

政治家也是人，也会面临选民压力，因为这直接关系到选票的多少。如果经济下行，政治家们必须做点什么，否则只能下台。所以，美国政府往往决定增加公共支出。于是，随之就会有预算赤字，这虽然也会带来物价上涨。不过，因为就业直接与选票有关，物价平稳被放在相对次要的位置，通货膨胀就悄悄诞生了。此时，出现了赤字，为了平衡预算，政府需要增加收入。按理应该加税，但对民主政府来说，加税几乎等于政治自杀。所以政治家都是口头表示减税，却很少落实。于是赤字又一步扩大，政府继续举债，物价继续上涨。又开始一个恶性循环。

现代政府尤其民主政府，更容易陷入债务问题。布坎南管这种现象，叫作"赤字中的民主"，即财政支出总是倾向于大于财政收入。因此，政府对经济的干预政策不仅没有带来想象中的经济复苏，反而是预算赤字不断上涨。我们知道，弗里德曼从货币主义角度论证凯恩斯主义失败。今天我们知道，布坎南则从公共政策角度论证了凯恩斯主义的财政问题。

布坎南有一位重要搭档塔洛克，他也被认为是应该获得诺贝尔奖的人物。和斯密对应，塔洛克曾经说过这样一句话："我们所需的研究经费或福利支票，并非得自官员的恩惠，而是得自他对自己利益而非公众利益的算计。"这就是说，福利不是免费的午餐。80年代，两人一起在乔治梅森大学创办了公共选择研究中心。这改变了经济学历史版图，也深刻地影响了奥尔森等卓越的经济政治学者。我有次搭错车，去了乔治梅森大学。这是一次跨州误会，耽搁了几个小时，险些耽误朋友聚餐。不过，下车抬头看到晚霞的乔治梅森大学，隐然有光。想到两位经济前辈，不知为何，觉得不虚此行。

这一讲我们了解了布坎南的公共选择理论的两个要素，就是政治是交易和官员身上也存在作为人的问题。掌握这两个要素，能够帮助你从公共政策角度重新审视政府的决策和这些决策对经济和个人生活的影响。

画　　重　　点

政府不是家庭，政策牵涉千家万户的公共利益。在公共选择研究路径之下，政府行为本身也就不再是一个黑箱了，而是可以被经济思维照亮的。

奥斯特罗姆：

公共治理与人群自组织

上一课我们一起了解了布坎南的思想诞生和发展，你已经认识到政府也会失灵。而面对这个问题，解决的思路就和这一课介绍的经济学家有关。她是第一位女性诺贝尔经济学奖获得者，对中国人来说不陌生，因为她在中国的学生不少，甚至还有以她的名字命名的学友会。她就是奥斯特罗姆（Elinor Ostrom，1933年8月7日—2012年6月12日），中文名欧玲。

1933年，奥斯特罗姆出生于加州。她童年的时候，正值大萧条的末期。她从小就很能干，在自家院子里，帮妈妈浇水种菜。每当收获以后，吃不完的蔬菜，还能做成罐头。这种工作习惯，她保持了一生。学者毛寿龙是她的学生。我和他聊起，他就说奥斯特罗姆很努力，很有学术精神。每天4点起床，工作十多个小时。

加州水资源滥用问题

童年经历不仅培养了她勤劳的习惯，也给她的研究提供了最早的案例。你知道，种菜耗水。大多数人会凭印象把加州和阳光海滩联系在一起，但去过才知道，加州缺水。我上次去，正好赶上森林大火。起火的原因就是太干燥，空气中都带点烟味。

加州农业发达，人口密度高，水是珍贵的公共资源。大家在使用上，需要彼此协调，所以当地居民往往会成立水协会，甚至为了水资源的合理使用，还会打官司。这对奥斯特罗姆的影响很大，她把知道的很多细节写入了博士论文。

成年后，她进一步研究了加州的水资源利用。加州淡水主要靠地下水。最开始没有太多限制，大家都拼命用，你不用，别人也会用，这就形成一个恶性竞争。随着地下水抽取过度，引发海水倒灌，问题严重了，不仅地下水水质受到影响，可能还会威胁整个加州的用水。

这时候，大家就不得不重视水资源的使用问题。过去主要靠打官司解决这类问题。但这次，打再多官司也解决不了问题了。原因有两个：其一，政府没有统一部门来应对，而各州法律的规定也不一样。其二，在市场上，淡水的几百个生产者分散在各地，规模也不一样。有的只是拥有一口井的农民，有的是可能拥有很多井的政府部门。更不用说水的消费者也是分散的了。

到底应该怎么办呢？在经历了漫长的扯皮与官司之后，终于，80%以上的水生产者，坐在桌子边，达成了个协议，一方面减少地下水抽取，另一方面保护水资源，建设特别区，征收抽水税，补充淡水等。

　　这个协议能达成，那是相当不容易。因为水涉及各方利益，除了生产方，还有联邦政府、州政府，外加大大小小市级政府，更不用说各类私人公司和协会了。在协议中，所有人都不同程度地参与协商。同时，结果也不是哪一方可以单独决定的，没有一方有权力一锤定音。大家扮演各自角色，共同解决了问题。

多重参与者构成的多中心治理模式

　　奥斯特罗姆总结说，多重参与者构成多重中心。这也形成了新的多中心治理模式。这种模式超越了以往的思维定式，并且，这种治理模式也对社会学中著名的公地悲剧的解决方案做出了探索。

　　公地悲剧理论来自英国经济学家哈丁。他指出，如果让牧羊人在公共牧场放羊，每多一只羊，牧羊人就多增加一份收入，但同时也会加重牧场的负担。如果每个牧羊人都只顾追求自己的利益，肯定会不断增加羊的数量。最后的结果就是牧场过度放牧，以致荒芜。

　　那怎么办呢？经济学过去有两种思路，私有化和国有化。前者让牧场属于牧羊人自己，他自然会计算放羊数目，平衡短期收入与长期利益；后者将牧场纳入政府的管理之下，管理者也会兼顾长期与短期的利益，并做出平衡。

　　这就是最佳答案了吗？我们学过经济人自利理论，也学过布坎南关于政府失灵的理论。有了这两个理论做基础，再来看这个问题，相信你就觉得没那么简单。先来看看私有化的方案，如果让牧场私有化，就意味着这片私有的牧场只有一部分牧羊人可以用。对原来可以使用这片牧场放羊的其他人，算是福利损失。那么采取国有化的方案呢？这可能陷入监管不力的泥潭。羊的数量可能被正确地控制了，但放羊人追求更大利益的动力却降低了。

更关键的是，有的资源，无法私有化，比如全球气候、海洋。左也不行，右也不行，怎么办？奥斯特罗姆指出了第三条道路，这就是她作为开创者，提出来的"公共池塘"模式。这个模式简单来说，是指某类资源可再生，同时又相当稀缺，而且所有使用这一资源的人，可以互相伤害，就好比你小区的池塘，虽然表面上人人都有份，但并不属于某一个人。

那么公共池塘最大的问题是什么？就是如何协调减少损失，增加产出。奥斯特罗姆的解决思路就是产权混合，在使用池塘资源的群体内部采取自治，每一个使用者在选择自己的行为时，必须考虑其他人的选择。这样可以通过各个利益相关者的自治行为，来解决公地悲剧。加州水资源，最早过度开采正体现了公地悲剧的特征。最后的解决方案，依赖于各方协调。

这种模式走出了不是政府就是市场的二元模式。奥斯特罗姆让大家明白，通过自治组织来管理公共物品，也是一种选择。而且，多种管理方式可以并存，往往也更有效率。治理模式好不好，关键看效率与公平。要实现这一点，就需要各个利益方能够平等传达诉求。越多利益方介入政策制定和组织管理，最后结果也就越有利于所有相关的人。说到底，公共池塘就是让尽可能多的利益相关者为自己发言，从而融入治理过程。通过磨合与谈判，得到一个大家都能接受的安排。

产权是一个网络

今天，不少互联网公司都走向了平台生态。平台具有一定公共性，这对管理能力提出更高挑战。维持平台的生命力，更需要发挥各个参与者的管理动力。比如现在二手货买卖越来越多，很容易有纠纷，怎么办？如果是一手货，判断相对简单，平台自己就可以做。如果是二手货，判断就困难很多。有的公司就引入大众陪审团制度，让围观者来判断买卖双方的纠纷。如此做法分散了管理压力，也动员了平台参与者。

奥斯特罗姆的理论，还有助于改变我们对产权的理解。以往，大家都认为产权是单一的、明确的、排他的，但是这样界定产权很难解决公地悲剧。现在，经济学家逐渐认识到，产权不是单一的，更像一束光，内部其实有七种颜色。权利可以按照不同比例分配。在这方面，奥斯特罗姆走得更远一点。她认为产权是一个网络。各方可以在其间随意穿插，通过自发地组织，来寻找相关问题的最优解。

你想一下微信群就明白了。群属于谁？你可能说，属于群主。但离开微信，群也不存在。所以微信群某种意义上也属于腾讯。更关键的是，离开群成员，群也没有意义。所以产权属于群主、腾讯与群成员。大家的权重有所不同，责任也有所不同。好的微信群实践了多中心逻辑，不是群主一个人在活跃，群成员也很活跃。说得更深一点，如果群成员或者群主可以参与到微信规则制定改变中，而不是被动地接受，那么，微信会更有活力。这也是公共治理的微观运用。

奥斯特罗姆的研究理论并不是凭空出现的。现在人人都说私有产权的理念，但人类社会很多是从公共产权开始的。在灌溉、水源、土地等问题上，今天很多地方还是这样。回顾历史，复合产权的存在也很广泛。

比如在中国，农业长期占据主导地位，水资源就很重要。传统宗族村落械斗，很多时候与争夺水源有关。学者指出，中国灌溉的两千年历史，也是治理方式进步的历史。秦汉时，灌溉最开始依靠官府治理和协调。唐宋时，国家对水利建设的拨款开始减少，民间力量兴起，国家也鼓励民众投资兴建灌溉工程。此时，灌溉是民间力量和政府力量的结合，灌溉管理水平进一步提高。元明清时，灌溉进一步民间化，甚至管理人员都来自地方推举，灌溉水平也进一步提高。明清时代人口出现大爆炸，这主要建立在农业发展基础上，其中，好的灌溉水平应该尽了一份力。

产权从单一到网络的意义，除了可以用来理解历史，还可以思考未来。从共享单车到房屋出租，我们已经看到一些新颖的变化，或者说，开始出现更符合产权网络的特征。奥斯特罗姆的理论，也重新解释了人和人之间的组织关系。真实世界中提供服务的组织者，除了市场与政府，还有人群的自组织。往更深一点说，人群自组织才是真正的源头。

　　奥斯特罗姆被大众记住，与女性身份有些关系。在今天，大家还是常感叹女性经济学家太少。而在她的时代，即使拿到博士学位，很多大学也不愿意聘用女性。她的很多研究其实是和丈夫文森特一起完成的。有人说，诺贝尔奖只颁发给她一个人，也许就是因为她是女性。或许有一天，当大家不再介意经济学家性别的时候，经济学才算是两性平等。

画　重　点

奥斯特罗姆的理论，还有助于改变我
们对产权的理解。以往，大家都认为产权
是单一的、明确的、排他的，但是这样界
定产权很难解决公地悲剧。现在，经济学
家逐渐认识到，产权不是单一的，更像一
束光，内部其实有七种颜色。权利可以按
照不同比例分配。在这方面，奥斯特罗姆
走得更远一点。她认为产权是一个网络。
各方可以在其间随意穿插，通过自发地组
织，来寻找相关问题的最优解。

诺思：

制度变迁如何帮助大国崛起？

　　我们现在正在第二模块，这一模块的重点，是国家经济发展。这一课我们对比东方和西方的发展。看看其中的差距到底是什么原因造成的。这个问题的答案，和今天聊的经济学家道格拉斯·诺思（Douglass North，1920年11月5日—2015年11月23日）有关。

　　诺思1920年出生于美国，他在73岁获诺贝尔奖。得奖后，他没躺在成绩册上安享生活，而是一直在拓展新研究，甚至还学习心理学等跨学科知识。看到他90来岁还写论文，我非常佩服。朋友聊起诺思，认为他有点像老顽童。学者韦森就给我讲过不少有关诺思的可爱的小故事。比如诺思很能喝酒，有次他们在芝加哥开会，诺思藏了半瓶白葡萄酒，放在衣服内，趁着太太没注意，就猛地一大口灌下去。结果不小心被太太看见了，自然没给他好脸色。他缩缩脖子，做个鬼脸，转身悄悄告诉身边的韦森，自己从不喝水，意思是，他只喝酒。

诺思和哈耶克有点像，年轻时成绩一般。但从本科起，他就涉及政治学、哲学和经济学。这种跨学科背景，构成了他研究的支点，是他最早将计量方法引入历史学。这意味着，历史研究有了统计数据为基础。这让诺思的研究成为一门新学科，他也顺理成章地成为新经济史这门学科的奠基人。得奖后，他视野更广阔，将经济人、产权概念、公共产品、交易成本等经济学概念，运用到经济史分析中。由此，开创了另一门新学科，叫作新制度经济学。

能成为两个新学科奠基人，诺思的确不同凡响。多数学者往往是某个领域很出众。诺思则有点不一样，史料、模型、数据等这些方面，很难说他在某个领域特别突出。但是诺思最出众的，恰恰是他的综合能力。整合多个学科多种知识，从中创造崭新的框架。这样一来，诺思之后的学者，比如历史学家弗格森与经济学家阿西莫格鲁，虽然也很优秀，但只能在诺思的基础上做贡献。诺思这样的通才，这些年越来越少。原因在于学科分工越来越细。这一现象，也符合诺思自己的理论，他很早就说了，制度就是游戏规则，规则改了，结果要跟着改变。

诺思看东西方差距

那么诺思的理论为什么能够帮助你认识造成东西方差距的原因呢?

说到东西方对比，你肯定听过李约瑟之谜。李约瑟是英国人，研究科技史。逐渐地，他就有个困惑，即古代中国有很多重要的科技贡献，为什么却没有发生工业革命？不同学科有不同答案。李约瑟自己认为中国人太注重实用，很多发现留在经验阶段。历史学家黄仁宇认为，是没有掌握数目化管理。社会学家韦伯认为，儒家观念束缚了思想。我和朋友也常聊，我觉得，古代金融制度落后是原因之一。经济人读书会的书友董洁林就认为，李约瑟前提就错了——中国科技整体上从没有领先于西方。

听来都有理，该信谁？既然是谈经济思想，那么我们就从经济学的角度来思考一下。我认为，经济学本质上是一种思维方式，除了数据，还应结合逻辑与历史。中国为什么落后的关键不在中国，而在于西方为何崛起。因为从全球看，崛起是特例，落后是常态。对西方的崛起，还是要回到诺思。对此，他提供了一套综合框架。

我们回顾一下中国的历史。古代中国的GDP看起来很庞大，1820年占全球的33%，当时英国5.2%；到1900年，还有11%。有人认为明清经济很不错，后来的落后局面是一个偶然现象。可是，怎么解释清朝先败给英国，再败给日本？

前面这种看法，错在没有理解什么是真正的增长。诺思第一步就打破了对GDP总量的崇拜。他强调关注人均GDP才是重点。真实的增长，就是持续的人均GDP增长。按照这个标准，东西方实力对比就很清晰。清朝经济实力绝非世界第一。真相是清朝的经济长期停滞，而且这种停滞很早就发生了。尽管难以置信，但是数据显示，19世纪的中国人均GDP，与1500年以前相比，完全没有增长，甚至还有些下降。而当时的西欧早已经出现了真正的增长。

制度变迁的关键

那么，如何实现人均GDP持续增长？面对这个问题，诺思直击要害，那就是制度变迁。正是制度决定了西方发展的速度，也是制度决定了工业革命爆发在西方。有人喜欢谈论创新、规模经济、资本积累等。这当然是好东西，不过诺思明确指出，这些不是经济增长的原因，而是增长的表现。

制度变迁的成功关键，是建立有效率的经济组织。过去的课，我们学过斯密的经济人假定，也学过赫维茨的激励兼容理论，还学过科斯的交易成本。诺思结合这些看法，提出自己的理解，他认为有效率的组织，需要建立在对经济人的激励效应上。自然，这就需要产权等制度安排。对西欧而言，最典型的例子就是保护商人权益。

你以前可能听过，西方崛起，主要靠侵略殖民与垄断全球贸易。从诺思的框架看，这个看法并不全面。首先，从美洲等地的历史来看，拿到好处最多的是西班牙和葡萄牙，但之后这些国家反而最落后。没有制度，外来金银再多，也无法转化成生产力。所以这两国并不是西方崛起的起源。其次，从贸易看，欧洲从内部贸易取得的收入，远多于欧洲外部贸易的收入。

进一步看西方崛起的过程其实就是英国的崛起。如果你去看近代之前的英国，其实看不出它会成功。英国在制度上落后于荷兰，人口土地上落后于西班牙、法国。那么，英国为何笑到最后？诺思指出，关键在于英国开辟了中间领域。所谓中间领域，就是开拓新市场，学习新制度。

确实，近代英国起步较晚。无法像西班牙、葡萄牙那样，获取美洲的白银。然而，通过学习荷兰等国家的经验，英国十分重视商业。商业要繁荣，离不开商人的支持。于是，英国就会出让一些权益给商人，比如特许经营权甚至政治权利，来换取商人的支持。商人日子好了，商业发达了，政府税收也高了。就这样，16世纪落后的英国，才能在18世纪领跑。这里需要强调一下，很多经济学家常说小政府好，但小政府不等于好政府，最典型的就是税收。英国当时绝不是小政府。税收比例不仅高于同期的明朝，也远高于同期的法国。税收高了，国家能力也强了，才能建设海军、捍卫贸易等。

人类的社会秩序

诺思的理论能解释历史，也可以解释当下。诺思对社会秩序也有自己的见解，他将人类社会秩序分成三种：

第一种是原始型社会秩序。竞争规则是以暴力为主，拳头大就是老大。这种社会的优点是保护种族生存，缺点是协作困难。随着时代的发展，这种模式逐渐被淘汰。

第二种是限制进入型社会秩序。所谓"限制进入"，意思是普通成员分享政治和经济权利的通道是受到限制的。这是历史上大部分国家的社会形态。政府垄断暴力，而少部分人垄断权力。这样的社会的好处是暴力得到有效控制，社会成员的权利也得到一定的保护。你走在路上，不会动不动被打劫。这样，社会出现更多分工，经济能发展。

但这种社会的缺陷，是精英受到保护，普通人受到的保护不足。所以，社会对普通人的权利承诺，可能得不到普通人的信任。因为权利得不到保护，经济就会丧失很多发展机会，社会也会增加不稳定性。

第三种是开放型社会秩序。诺思认为，英国就是一个模板。权利对所有人开放，无论精英还是普通人。显然，最后一种社会秩序最好。这样的社会如何才能达到？这是极其艰巨的任务。

诺思研究过许多国家的成功案例，并总结了国家发展走向成功的路线图。第一步，给精英法治，也就是充分保护精英的个人权利。你可能会说，精英也需要保护？这是当然，要知道在有的国家，有权力的人，也不一定意味着有个人权利。这个时候，法治更像一种特权。

第二步，将这样的法治逐渐扩散。也就是说，将特权变为普通人的权利。注意，权利的扩散，往往不是一步到位。就像英国，最开始主要针对的是贵族，后来是资产阶级，接着是成年男性，最后才扩展到所有人。特权的出现，有时候恰恰是平等的开始。

2015年11月23日，诺思去世。在我心中，他有英雄一般的地位。我写的《白银帝国》一书，理论框架其实就来自他。诺思去世时我正在日本休假，乘坐的巴士正穿行在富士山间，迷迷糊糊中，知道这消息，心头一惊。时间不会因谁的伟大，就会停止。幸好思想可以超越当下。因此，诺思对制度和经济史的思考，也让我们永远受益。

画　　重　　点

诺思打破了对GDP总量的崇拜。他强调关注人均GDP才是重点。真实的增长，就是持续的人均GDP增长。

如何实现人均GDP持续增长？面对这个问题，诺思直击要害，那就是制度变迁。正是制度决定了西方发展的速度，也是制度决定了工业革命爆发在西方。

赫希曼：

什么是国家发展中的平衡与非平衡？

 我们到现在聊过不少经济学家。一般经济学家给人的印象，是聪明有余，理性过分。换句话说，有点闷。今天聊的这位，思想一流，人生充满传奇色彩，简直可以改编成好莱坞大片，他就是阿尔伯特·赫希曼（Albert Otto Hirschman，1915年4月7日—2012年12月11日）。

 1915年，他出生于柏林的犹太家庭。当时时局紧张，环境恶劣，反犹太主义日渐嚣张。犹太人的商店经常遭到抢劫，行动也受到限制，走在街上，经常会被无故殴打。更惨的是，赫希曼的父亲于1933年去世了。这时，他处境已经很危险了，有朋友被逮捕。赫希曼所在的大学，也越来越不宽容。终于，他决定离开，在18岁生日前，逃到了巴黎。

 幸亏赫希曼走得早，他亲戚就死在集中营里。而赫希曼除了自己逃脱，还帮助了不少人。他同一名美国记者一起，帮助几千名犹太难民逃亡。其中，包括画家夏加尔、杜尚，人类学家列维·施特劳斯，哲学家汉娜·阿伦特等名人。

哥伦比亚实验诞生的"非平衡理论"

从前半生看，赫希曼已经很精彩了，做过间谍、士兵、经济学家及政策建议者。在学术上，他最早关注的是发展经济学，这并不是偶然。20世纪50年代的发展经济学，非常热门。

这不仅是经济原因。二战后，苏联美国争霸开始。苏联模式在全世界攻城略地，吸引了很多发展中国家跟随。美国和美国主导的世界银行坐不住了。它们的对策，就是赶紧找到国家发展的秘诀，借此帮助众多发展中国家走上发展的道路。这就可以抵御苏联的吸引力。于是，它们拨出大量经费，支持不少发展中国家野心勃勃的发展计划。

南美洲的哥伦比亚，就成为这样一个实验场。它刚结束内战，希望发展经济。这给了世界银行一个很好的插手机会。他们希望通过发展，哥伦比亚能够成为捍卫民主的榜样。不少经济学家被派到这里，赫希曼也在其中。他们中的不少人，就像经济传教士，头脑带着各种理念，还自信地认为这些理念能点石成金。

前面说了，这是发展经济学的黄金年代。自然，也诞生了很多新理论。当时比较热门的一种是大推动理论。最早来自经济学家罗森斯坦－罗丹。大推动理论的核心是说，发展中国家发展不起来，主要是缺资本，要在各个部门同时进行大规模投资，借此促进平衡增长，最终推动经济全面发展。如果某些产业或区域，没有一起增长，会拖累整体。这个理论听起来很合理，还适合用数学理论表达，因此很流行。

世界银行的项目主管科里就很推崇这个理论。很快，他提出了针对哥伦比亚的计划。他认为，穷人之所以穷，是因为他们主要是文盲，所以不注重生产，只关注当下消费，无法为未来储蓄资本。要打破贫困陷阱，需要发起一次大推动。不仅需要引入外国资本，而且要进行彻底改革。方案思路就是平衡发展，强调所有领域改善，都必须一致。这样，发展就不会有任何滞后，经济也能顺利向前了。

听起来很美好，但赫希曼觉得不对，这主要基于他的实际经验。

在哥伦比亚，他四处走访，除了接触官员与学者，也接触普通人。越了解实际情况，他对大推动之类战略就越感到不解。美国或世界银行本意是希望哥伦比亚这样的国家，发展自由市场。但是大推动战略等做法，恰恰是一种计划模式。这一模式的核心，依靠的是外国专家从上到下的计划方式。当地人的本地知识和经验本应该派上用场，却被忽略了。

这些洞察直到今天也不过时。甚至可以说，今天的发展经济学也没有彻底解决这个问题。赫希曼能够这样想，原因在于他自认是一名发展中的发展经济学家。他当时对发展经济学了解不多，几乎从零开始。这本是个劣势，但一定情况下也是个优势。那就是，他不轻易相信流行理论，反而可以看到主流存在的问题。

他认为，经济的车轮，从来不会一帆风顺。要所有部门，都沿着平衡的路径发展，想来轻松，做起来很难，更不用说每个国家每个行业的情况不同了。发展中国家的资金和资源，往往很紧张，所以投资就不能一视同仁，应该有选择性。比如应优先发展具有战略意义的行业，或带动效应大的行业。这些观察，形成了他的关键理论"非平衡发展"。

根据哥伦比亚经验，赫希曼在1958年撰写了《经济发展战略》。他一下子成为发展经济学大家，也在美国学术界站稳了脚跟。在赫希曼看来，发展的路径是一个链条，是靠一个现象推动一个现象，一个发展推动另一个发展。这个过程本来就是不平衡的。

平衡发展看重资本，非平衡增长更看重企业家。赫希曼认为，让企业家做他们的工作，允许非平衡的投资与增长，国家自然会发展起来。

社会发展的平衡与非平衡

非平衡增长就是中国腾飞的秘诀。邓小平说，一部分地区、一部分人可以先富起来，带动和帮助其他地区、其他的人，逐步达到共同富裕。这其实就体现了非平衡增长的智慧。改革初期，东部和西部工资收入差不多。经济一放开，东部沿海地区迅速发展起来，西部劳动力也源源不断流入。表面上看，东西部差距被拉大。其实，所有人都得到了实惠。这种地区间的非平衡发展，对今天的中国还有意义。我和学者陆铭聊，他就认为现在不能过分强调产业内迁。不应该试图强行抹平地区间的不平衡状态。西部的产业应该主要服务于本地需求。

与非平衡发展类似，赫希曼还有一个相关理论：隧道效应。意思是，假设你在隧道里开车，突然堵住。等了半天，这时，如果旁边车道的汽车开始动了，你最开始是不是很高兴？因为这意味着堵车情况好转，你可能很快也可以走了。但是，如果随着时间推移，旁边的车在动，就你这边一直不动。你是不是会变得激动、不安，甚至愤怒？

社会发展也是一样的。人们是有预期的，当下能享受到多少福利很重要，预期未来能享受多少福利也很重要。如果人们预期未来情况会改善，那么当下会容忍一定的不平等。因为即使现在收入不高，未来很可能提高。这是隧道效应的前半段，说明高增长情况下，人们会对不平等有容忍度。经济的发展，也可以巩固政府的合法性。

但这理论还有后半段。那就是假设当前福利还不错，但是如果预期未来情况不会改善，甚至变差，那么人们的不满情绪就会增长。这时，政府往往还以为经济增长是主要问题。这样，对增长的过分关注，就可能导致失误，使决策者忽略了其他问题，比如公平。

这理论前半段解释了拉美的发展，后半段解释了拉美的停滞。不少拉美国家战后一度发展都很好。这时哪怕政府很多地方做得不对，但民众觉得经济和社会还是在改进，所以不会有太多怨言。但总这样，民众的不满情绪会迅速增长。这时，不少政府还是把注意力放在经济上，甚至认为可以永远促进经济增长。事实上，发展达到一定程度后，不少国家都陷入了中等收入陷阱。民众不断高涨的不满情绪，导致不少政府走上民粹路线，用福利来满足民众。这又会导致经济进一步恶化。

赫希曼兴趣广泛，除了经济学，他也影响了其他学科，比如政治学、社会学、哲学，甚至文学。他起码熟练掌握6种语言，足迹遍布欧洲、美洲与非洲。哲学家加缪曾说，人生最重要的是活得最多，而不是最好。赫希曼可以说实践了这一原则。有意思的是，加缪太太见过赫希曼，说他们两个人长得很像，要知道，加缪是出名的美男子。我对比过他们两人的照片，两人确实气质接近。

我读过赫希曼的不少作品。他和作家奈保尔、历史学家托尼·朱特，是我近年来最喜欢的三位作者。三人各有千秋：奈保尔恶毒犀利，朱特纵横捭阖，赫希曼逻辑缜密，文字深度甚至胜于朱特。赫希曼传记出版后，韦森老师和我做过读书沙龙。韦森老师评价说，赫希曼是50年来影响最大的发展经济学家。我觉得，他也是最后一个百科全书式的知识分子。

赫希曼2013年去世后，经济学家萨姆·鲍尔斯来到上海。晚餐时聊起赫希曼，他由衷地感叹说，赫希曼才是真正的传奇，如果多活10年，他一定会获得诺贝尔奖。经济学家阿玛蒂亚·森也说，赫希曼是当代最伟大的知识分子。他和赫希曼都关注发展，但角度不同。

画　　重　　点

社会发展也是一样的。人们是有预期的，当下能享受到多少福利很重要，预期未来能享受多少福利也很重要。如果人们预期未来情况会改善，那么当下会容忍一定的不平等。因为即使现在收入不高，未来很可能提高。这是隧道效应的前半段，说明高增长情况下，人们会对不平等有容忍度。经济的发展，也可以巩固政府的合法性。

阿玛蒂亚·森：

经济发展的目的与手段是什么？

提起经济学，你可能觉得这是一门理性的学科，铁一般地冰冷。学者卡莱尔说过，经济学是令人沮丧的科学。不过，经济学也有温度。今天聊的这位，就被认为是经济学界的良心。他就是福利经济学大师阿玛蒂亚·森（Amartya Sen，1933年11月3日一）。

1933年，森出生于印度知识分子家庭。诗人泰戈尔和他颇有缘分。森的外祖父，是泰戈尔的秘书。森出生于泰戈尔创办的学校内，也一直在泰戈尔的学校读书。学校强调的求知精神让他受益终身。

泰戈尔断言，这孩子将成长为一个杰出的人。确实，森很出众，毕业后就读于英国剑桥大学三一学院。这所学院是1546年所建，出过牛顿、培根等伟人。森不仅在这所学院接受教育，日后还成了院长，而且是历史上第一位非英籍院长。森一生穿梭于哈佛、剑桥、牛津等欧美学府，但一直保留印度国籍。1998年，他获得诺贝尔经济学奖。

美国哲学家詹姆士曾说哲学家可以分为两种，硬心肠的和软心肠的。经济学家多数属于硬心肠的人。有没有软心肠的经济学家？当然有，而且我认为排在第一名的一定是森。

饥荒中被侵犯的权利

他的研究一直不忘穷人，最出名的就是对饥荒的研究。前面的内容，我们聊过马尔萨斯陷阱。技术进步让这个预言失效了，但饥荒并没有远离。2018年，委内瑞拉还爆发了饥荒。

谈到饥荒，第一反应就是粮食不够。这是过去主流的意见。相应的对策是既然粮食不够，就不得不涨价。价格高了，大家自然也会消费少了。如果还是不够，最现实的办法就是勒紧腰带，多饿一点。

听起来很冷酷，但马尔萨斯与斯密也这样想。不少学者也是这思路，强调需求规律决定一切，也不算错。但涉及粮食和人命，情况就不一样了。

比如19世纪的爱尔兰。当时还是在英国统治下，主要粮食是土豆。1846年，因为土豆大面积感染真菌，出现严重歉收。其间，英格兰没有尽全力救助爱尔兰。而是采取前面的理论，期待市场机制来自然平复爱尔兰的灾难。不幸的是，发展并不是这样的，100万人饿死。爱尔兰人口锐减1/4，逃荒移民也遍布世界，不少爱尔兰人因此憎恨英国。

到了20世纪，英国还是没有吸取教训。1943年，英国治下的孟加拉邦再次爆发饥荒，死了300万人。官方的说法还是和过去一样，归为粮食短缺。造成短缺的原因有两方面：一方面是因为日本人占领了缅甸，切断了外来供给；另一方面是孟加拉邦本土遭遇暴雨，粮食减产了。

听来好像又是天灾，但是森本人由于经历了这场饥荒，因此他不这样看，而是把灾难的原因归为人祸。

为什么呢？数据显示，孟加拉邦1943年粮食总量并没有多低，甚至高于1941年。数据和分析还原了真相，当时的情况是人均粮食量没有明显下降，却爆发了大饥荒。

这样，孟加拉邦饥荒是由于粮食短缺造成的观念也被打破了。森还研究了其他几次大饥荒，验证了这一结论。森认为，影响饥荒的不是粮食供给，而是交换权利。所谓交换权利，就是一个人能用自己拥有的财物换取商品的集合，无论是通过生产还是贸易。

饥荒的本质是交换权利受损。谁是饥荒最大的牺牲者呢？是穷人，而且主要是在农村的穷人，比如农民、工人和渔民等。他们拥有的资源主要是劳动力，在交换中议价能力很低。死亡率最高的是儿童，他们连劳动力都没有，交换权利也被剥夺得最多。

　　免于饥饿本身就是一种基本自由。大饥荒爆发，正是自由遭遇了侵害。森的研究主要聚焦于20世纪，但借此审视历史也有新的视角。因为交换权利损害的人群集中在底层民众。而上层人士对饥荒的理解是不够的，因此他们对底层的呼唤，也没有太大动力回应。比如晋朝的时候爆发饥荒，百姓都在挖草根吃树皮，很多人饿死。消息传到皇宫，晋惠帝反问"何不食肉糜"，意思是那些人为什么不吃肉粥。关于18世纪断头王后玛丽有个段子，穷人吃不起面包，可以去吃蛋糕。

政策在发展中该保障什么？

　　森的研究揭示，如果有及时的政策，能够捍卫基本自由，往往可以避免饥荒的扩大化。孟加拉邦饥荒时，加尔各答对不少公司政府雇员进行了粮食统一供给。保护这些人的交换权利的同时，也使涌入的难民生存概率提升了不少。可见，对策不同，饥荒程度也不一样。

　　森指出，现代民主国家，几乎没有爆发过饥荒，不是因为粮食多，而是政府面对选民压力，不得不及时行动。经历过1943年饥荒后，印度独立，走向民主。此后虽然也有粮食短缺，但都没有出现类似20世纪40年代的饥荒。

森不仅说出饥荒本质，更透露了一个重要洞察，那就是自由的制度才能保证人的权利。他认为，自由意味着个人的可行能力，也就是人有可能实现的各种可能的功能性活动的组合。因此，能力的不平等，才是真正的不平等。免于饥荒本身就是一种自由。

由此，森提出了以自由看待发展。这刷新了对发展的认知。过去，有两种对立的发展观。一种观点认为，发展是个残酷的过程，充满血和泪，政治权力与法制这些方面的自由，都是发展起来以后再考虑的奢侈品。另一种观点认为，发展本身就是一个友善过程，是拓展交换和推广自由的过程。经济学家亚当·斯密和一部分经济学家就相信后者。

森接近后一种，但更复杂。森将自由分为两类。一是实质自由，也就是免受困苦的自由，如饥饿、可避免的疾病、夭折等，同时还包括识字算数、政治参与。二是工具性自由，如政治自由、经济条件、社会机会、透明性保证、防护性保障等。

这样复杂的分类，不是为了把大家绕晕，而是为了解决发展观的争论。他认为发展的目的是拓展实质自由，而过程就是拓展工具性自由。要自由还是要发展，要公平还是要效率，都是伪问题。不少人说，穷人在自由与温饱之间，会选择温饱。森指出，并不如此。20世纪70年代印度大选，核心问题是英迪拉·甘地要实行紧急状态。对这样剥夺基本自由的要求，当时世界最穷的一批选民坚决地抵制。最终，国大党在1977年大选中失败，甘地下台。

这样，我们对市场和自由的关系也有了新认知。过去经济学者认可市场，往往因为它更有效率。森认为更重要的是有了市场人们才可以摆脱束缚，从而有了选择的自由。

最典型的是美国南方的黑奴庄园。过去总认为，庄园崩溃是因为没有效率。经济学家福格尔发现，庄园经济是有效率的，而且当时奴隶的报酬算下来不低于自由农民。不过黑人还是不断地逃跑。南北战争后，自由黑人也会拒绝奴隶庄园式的工作方式，即使报酬再高。

自由本身有价值，甚至凌驾于效率。自由既是发展的目的，也是发展的手段，这两点在森的体系中统一起来。这不是天才的自觉，而是严密的学术论证。1990年，森协助了联合国创立人类发展指数，指数包括预期寿命、教育水平和生活质量等。这样就不是只看经济或收入，而是比较全面地衡量社会发展。

经济人读书会书友王宇，曾翻译过森的作品。她告诉我，森所说的自由自成体系，不是人作为经济人的自由，而是人作为自然人的自由。她对森最深刻的印象是他对人的关注，尤其是对穷人的关注。确实，森的伟大是把自由等伦理带入了经济思考。他让我们明白这些抽象的名词不仅有道德意义，经济上也是必需的。

阿玛蒂亚这个名字，是泰戈尔起的，意思是指另一个世界。在泰戈尔诗中，这个世界充满了智慧的光芒，是一个自由的天国。和哈耶克等人一样，森晚年的兴趣更多在政治哲学上。

2012年，森来中国人民大学演讲。我一般不喜欢凑热闹，却不能不去听森的演讲。演讲在人大明德楼，过道也站了人。森年近七十，在黑压压的人群中，显得有点矮小。我还记得，他开篇引用了马丁·路德·金的名言 "任何一处的不公正对每一处的公正都是威胁"。 确实，没有人可以独立享受公正，无论穷富。

画　重　点

　　森提出了以自由看待发展。这刷新了对发展的认知。发展本身就是一个友善过程，是拓展交换和推广自由的过程。

　　森将自由分为两类。一是实质自由，也就是免受困苦的自由，如饥饿、可避免的疾病、夭折等，同时还包括识字算数、政治参与。二是工具性自由，如政治自由、经济条件、社会机会、透明性保证、防护性保障等。

肯尼斯·阿罗：

从"投票的悖论"看集体的选择

前面的内容中，我们聊了国家发展与东西方世界经济对比。你已经发现了，制度很重要，但任何制度都不是完美的。即使选举也会存在问题，我们今天介绍的经济学家就发现了选举的问题，他就是肯尼斯·阿罗（Kenneth J. Arrow，1921年8月23日—2017年2月21日）。

阿罗1921年出生于纽约，是第二代犹太移民。小时候家境不错，但因大萧条的影响家道中落，上大学时只能选公立学校，但他的天分不可阻挡，在51岁时，他获得诺贝尔奖，是迄今最年轻的诺贝尔经济学奖得主。

阿罗研究领域很广，涉及公共选择、福利经济学、信息经济学、复杂经济学等。我认为，他的这些研究，可以折算成好几个诺贝尔奖。对经济学界来说，阿罗几乎等于神。你常听说的一般均衡，就是被他用数学证明了存在。这一研究奠定了现代经济学的基础。斯密所谓"看不见的手"的天才直觉，终于放在了稳固的地基上。

阿罗从小无书不读，成年后，更是公认的通才。为了测试他是不是真的无所不知，朋友让他参加一个聚会。阿罗推开门，才发现这是一个研究企鹅的聚会。这个领域显然很冷门，谁知道，他马上发表演讲，专业程度甚至折服了一屋子企鹅学家。他的侄子也很有名，就是经济学家萨默斯，而萨默斯还有一位更有名的叔叔，就是经济学大神萨缪尔森。你看，天才往往是扎堆的。

魏玛共和国的选举

回到选举的问题，我曾做过一个错误判断。2016年6月24日，英国举行退出欧洲的公投，不少朋友挺关注。因为我在英国媒体工作，他们问我意见，我做了功课，查了数据报告，也做了调查，我当时认为英国会留欧。但结果相反，支持脱欧的有52%，这成了一半人对一半人的战争。我开始很困惑，后来意识到，民主是一套治理程序，结果好不好，取决于这套程序的运转与参与者，问题可能不在于民主制度本身，而在于选民的投票。

比利时有个作家，还写了本书，宣称选举是民主的绊脚石。其实，20世纪50年代，经济学家对此就有过数学证明。世界上可能不存在人人都满意的选举。这就是今天聊的阿罗不可能定理。

提到民主的坏榜样，最典型的就是希特勒上台。1933年，德国魏玛共和国国会通过《权力授予法案》，将权力授予希特勒。结果是444票对99票，符合宪法要求，超过2/3。其中，纳粹党人只有288票。

现在一说魏玛共和国，几乎就等于民主的失败，但在当时可不是这样。不少人以为民主源自希腊，但那时的民主制度是小范围的城邦民主，参与选举的选民并非所有居民，甚至当时认为女性没有完整人权，不能参与选举。而现代普选民主是人人都参与的民主，先进代表就是魏玛共和国。它很早实现男性普选，还给女性投票权。1919年，女性投票率达到了90%。

民主制度开头很好，但为什么会选出希特勒这样的人上台呢？关键的问题是民主的步子迈得太大。盲目扩大选举范围未必是好事。过去投票，是在小共同体内进行，对底层原则有较多的共识，结果也就不会有很大偏差。普选意味着不同群体都有投票权，反而很难达成共识，容易撕裂社会。

我很喜欢的一个作家，他出生于美洲西印度群岛。他的家乡从英国殖民统治下独立后，迎来了突如其来的民主。最开始人人都有收获，接着，因为全民选举，这个国家陷入癫狂。他总结说："民主是个奇怪的东西，它会让有钱人变穷，让穷人变有钱，甚至民主和其他好东西一样，一开始都是甜的，最后将变得异常地酸。"

看来，今天世界上的每一个人，可能要重新思考选举这回事。曾经目睹纳粹上台的学者波普尔就指出，如果把民主理解成大多数被统治者都可以参与的选举，那就会导致"民主悖论"，甚至会造成以民主的方式毁灭民主的局面。

　　波普尔等人大多是通过理论思辨来研究选举的问题。那这个问题有没有明确的数学证明呢？这个工作被阿罗完成了。他的研究说明投票确实有问题。选举不像大家想的那么美。

阿罗不可能定理

　　我们学习经济学，知道一个最基本的规则，那就是资源总是稀缺的，因为每个人是理性的，但是偏好不同，会根据自己的偏好选出最有利于自己的结果。那么民主和投票的规则，就是将大家的选择汇总。按照少数服从多数的原则，决定选举的结果。这符合集体利益和个人偏好，听起来公平又有效。但阿罗证明，事情并非如此。阿罗认为，在面临多种方案的情况下，投票结果不可能得到令所有人满意的结果。这是投票的悖论。他用严谨的数学方法对此进行了论证，并将这个证明称为阿罗不可能定理。

　　我们可以通过一个案例了解阿罗的论证过程。举个例子，有甲乙丙三个人一起吃午餐。甲最喜欢川菜，其次日料，最后是西餐。乙最喜欢日料，其次西餐，最后川菜。丙最喜欢西餐，其次川菜，最后日料。

　　三个人偏好不同，怎么办？投票。先在川菜和日料之间选。甲肯定选他最喜欢的川菜，乙当然选他最喜欢的日料。最后，选川菜还是日料，决定权就在丙手中。其实丙应该是不开心的，因为里面没有他最喜欢的西餐。但是因为丙喜欢川菜超过日料，所以选川菜。川菜获胜。但如果换一个顺序，先在日料和西餐之间选，乙会选日料，丙会选西餐，最后甲会在两者之后选日料，最后是日料获胜。

你发现了吗？这个结果暴露了一个矛盾，从第一个投票方案的投票来看，在不了解这三个人内心价值喜好的情况下，旁观者得出的结论是，这三个人中，大多数认为，川菜好于日料。但如果从第二个投票方案的结果看，结论则完全相反，显示为川菜不如日料。

当然，吃什么可以说随便。但涉及退欧甚至选领导人这样的大事，再随意难免就令人大跌眼镜了。阿罗这一定理，有严格前提以及条件，简单来说就是如果有两个以上偏好不同的人进行选择，当选择的政策也超过两个，那么就不可能存在一种方案能够将每个人多种方案的偏好次序，转换成社会偏好次序，也就导致选举的结果不可能皆大欢喜。

阿罗的研究只是涉及选举的技术环节，但他的结论已经动摇了民主的根基。本来大家以为只要选举者有明确偏好，选举总是可以把大家的偏好集合起来，得到让大多数人满意的结果。阿罗却证明这不可能，他改变了大家对民主的直观感受，自然引发不少争议。但在技术上，阿罗的结论经受了考验。

阿罗从理论上证明了选举的不完美。从现实来看，民主选举也受到切实的挑战。19世纪后，选举权扩大。最开始，还是集中于有财产权的成年男性。但随着一战爆发，很多成年男性都上过战场，导致战争结束后一个男人即使没有财产，也为祖国流过血。所以，不得不给这些人投票权。然而，当越来越多没有财产权的人拥有了投票权，他们必然要求增加福利，但他们却没有为税收做出过贡献。这就导致这些福利开支，都转嫁到了有财产的人身上，公共财政也面临重大压力。

投票的悖论，体现了今天民主的困境，那就是多数人是不是一定正确？大众民主下，投票人数超过纳税人数。这意味着多数人就可以投票要求对少数人征收更高的税，来给多数人发钱。经济学家孙涤在美国多年，他看经济学家弗里德曼和萨缪尔森在《新闻周刊》笔战多年，最后发现争来争去关键还是一个字：税。

面对税的问题，所有投票人都可以通过投票影响政治决策，比较典型的如涉及我们后代的决策，比如土地、资源、人口等政策，是不是当代多数人就可以决定的呢？

2015年，我在富士山，诺思去世。2017年，我在东京，得知阿罗去世。甚至有朋友和我开玩笑说，求你别去日本了。两人去世，都让我很难过。这个时代学术精英很多，思想大师却很稀缺。阿罗称得上大师。他的思想体现了人类知识探索的极致，他是真正的天才，他的研究与思考超越了经济学学科，他的贡献属于全人类。就像阿罗自己说的，人类社会，是一个合作的世界。为了荣誉和成功，我们无时无刻不在竞争，但社会不断前进的动力，正是来自我们从成功甚至失败中学到的知识。

阿罗并不反对民主，只是从集体选择这个环节，论证了民主面临的可能威胁。民主也有不同形式，好的和坏的。

画 重 点

民主和投票的规则，就是将大家的选择汇总。按照少数服从多数的原则，决定选举的结果。这符合集体利益和个人偏好，听起来公平又有效。但阿罗证明，事情并非如此。

阿罗认为，如果有两个以上偏好不同的人进行选择，当选择的政策也超过两个，那么就不可能存在一种方案能够将每个人多种方案的偏好次序，转换成社会偏好次序，也就导致选举的结果不可能皆大欢喜。

梅斯奎塔与史密斯：

决定政治优劣的关键是什么？

我们这一模块的主题是政府和发展。这其中涉及了权力运行规则的相关内容，我们谈过赤字民主，谈过投票的悖论。这一讲的最后我们要聊聊民主的"暗黑面"。

以前这样的话题主要属于政治学范畴，随着公共选择等兴起，经济学也开始进入这一领域。今天介绍的是两位政治学家，布鲁斯·梅斯奎塔（Bruce Bueno de Mesquita，1946年11月24日—）和阿拉斯泰尔·史密斯（Alastair Smith，1967年9月15日—）。虽然他们是政治学家，但是他们对民主问题采取的分析方法很多是经济学范围，和我们这一模块契合很紧密。

他们两个人都是纽约大学政治学教授。多数人知道他们，主要是因为他们写的那本《独裁者手册》。我当时看完就四处告诉朋友千万别看，因为这本书会颠覆你对民主和独裁的原有认知。

民主与独裁共存的比利时国王

民主和独裁，谁好谁坏？第一反应，当然是民主好。中国多年前也流行一篇文章，叫作《民主是个好东西》。但从经济学角度而言，答案未必如此。上一课，你了解了选举悖论，今天换个角度，从权力结构切入，你会发现，民主还真未必多好，独裁未必多坏。两者其实是不同的权力安排，甚至你可以理解成一种方便的标签。

如果你是时空穿越者，回到19世纪末欧洲的比利时，你会看到什么？你可能会觉得，天啊，这个国家简直是天堂。经济欣欣向荣，正快速地走在现代化道路上。在短短几十年内，就从一个专制国家变为民主国家。当时比利时成年男子都有选举权，工人还可以罢工，更不用说还禁止童工、保护女性了。有的权利出现时间，比美国都早几十年。

如果你穿越回去的地方，是非洲刚果自由邦，那么对不起，你的体验可能就很糟糕。这里简直是地狱。对本地支柱产业橡胶贸易，当局态度就是尽量压榨。多数本地人处在奴隶一样的生存状态中，需要承担沉重的税负，甚至随时随地都要面临被砍手、砍脚等危及生命的情况。刚果自由邦刚建立时，有2500万人，后来只有不到1000万，经济状况可想而知，一塌糊涂。

这两个国家，一个天堂，一个地狱。但你能想象吗？这两个国家背后的统治者，居然是同一个人，那就是比利时国王利奥波德二世。你可能会说，殖民者就是没有人性。但不可否认，比利时确确实实走在时代前列。耐人寻味的是，为什么同一个人几乎在同一个时间、不同地方会做出截然不同的选择呢？

我们讲过制度经济学，也讲过激励兼容理论，还讲过公共选择理论，那么我们应该明白，政策制定者也有自己的算盘。我们可以试着总结利奥波德二世的政治行为，面对不同的制度，他采取了不同的激励，这就造成了利奥波德二世同时扮演了天使和魔鬼的角色。

超越两种统治术

不过这一课我要给你提供一个新维度，超越民主和独裁的分类去看统治的内核。按照梅斯奎塔等人的研究，决定政治是好是坏，关键是什么？民主独裁不是重点，选民也不重要，重要的是作为统治者要满足对他来说不可或缺的人，也就是制胜联盟。

在《独裁者手册》中作者把国民分为三类：

第一类，是名义上的支持者。比如，很多黑人支持奥巴马当选美国总统。这是一个很抽象的支持者人群。

第二类，是有影响的实际支持者。比如，帮某个候选人站台跑票的人。

但是更重要的是第三类，这是最关键的一类，书中管他们叫作"制胜联盟"。顾名思义，就是最核心的支持者。对一个统治者而言，怎么能做到利益最大化呢？原则很简单，控制的利益越多越好，但是分割这些利益的人要越少越好。这是个简单的除法算式。所以，那些最核心的支持者越少，也就是制胜联盟越小，对领导人越划算。至于前两类人呢？要么要求不高，要么干脆可以忽略，所以无所谓。

回到利奥波德二世。在比利时，制胜联盟比较大，所以他不得不讨好成年男性，甚至妇女儿童；而在刚果自由邦，制胜联盟比较小，维持暴力统治即可。这就是为什么同一个人同时成为天使和魔鬼。

商业领域中的制胜联盟

因此，我们就得到一个新的结论，那就是民主和独裁的目的都是维持统治，而不是统治得当。选民与制胜联盟的大小，直接决定了统治者的行为模式。

基于这样的逻辑，布鲁斯·梅斯奎塔和阿拉斯泰尔·史密斯提供了四条统治规则：

第一，统治者所关心的是获取和维持政治权力，与人民的普遍利益无关。

第二，依赖少数人来获得并维持权力，最有利于政治生存。

第三，当这一小群亲信知道有一大批人等着取代他们时，领导就有了更多权力。

第四，依赖于小团体，能够征收较高的税收。

这四条规则，太赤裸裸了，别说民主制度下的统治者，就是独裁者也不好意思直接这样说。我们过去认为民主制度下的统治者和独裁者是两个物种，一个好人，一个坏人。其实，真实世界不是那么黑白分明。不仅政治如此，商业领域也是一样。在办公室斗争里，有时赢的人是善于搞政治的，其中原因同样在于制胜联盟。

你是否还记得，惠普曾经有个明星CEO（首席执行官），叫卡莉·菲奥莉娜。1999年，她成为大公司里少有的女性高管，很是风光。新官上任，她做出了并购康柏的决定，因此获得更多曝光度，《财富》周刊将她评为商业女强人，但她的并购决策很快被证明是错误的，对惠普影响不小，但在当时并没有对她造成什么影响，而是直到2005年，卡莉才被迫辞职。

一位刚上任就犯大错的CEO，却能继续工作6年，而且遣散费高达4200万美元。是惠普太善良，还是她太能干？都不是，关键是她一早就控制了董事会，从进入惠普，卡莉不断在董事会安插支持自己的人。对这些人，她给予高薪收买。就这样，她继续做老大，维持不下去的原因，也是因为董事会的人，毕竟大家都有惠普股份。惠普公司健康发展下去所带来的好处，比卡莉用高薪收买所能提供的好处大，否则估计她还要多待一些时间再下台。

我们身边有不少同样的情况。一些企业关键职位人选往往由极少的一些人决定，于是不少公司业绩不怎么样，却出现很多天价薪水的CEO。最典型的就是2008年金融危机，损害了不少大众利益，甚至公司也受到损失，但是当时却有银行家照样有亿万奖金。为什么？决策权不在公众，也不在股东或者一般员工，起作用的只是董事会的一部分制胜联盟。

实事求是地看政策

你可不能吐槽一句天下乌鸦一般黑就完了，有的乌鸦就是更黑一点。今天介绍的看似是负能量，颠覆了好坏价值观预设，但底层逻辑还是捍卫了民主。一方面，我们了解了权力运作的黑箱，可以更快识破很多政治伎俩；另一方面，我们明白运作良好的民主制度也意味着是大联盟制度。显然，这时政治家就不能靠小团体统治多数人，需要讨好的就是大多数人。这个时候就可以得到相对公允的公共政策。

因此，甄别好坏民主，标准不在于名义支持者，而在于制胜联盟大小。联盟越大，往往意味着民主程度也越高。好的民主需要制胜联盟多一些，这样需要讨好的人就多，民众才会获得更多好处。坏的民主只需要讨好少数人。前面说的刚果自由邦后来独立了，有了民选领导人，可是照样也走上了独裁道路。民主和独裁都只是权力的分配形式。我们需要通过形式，看到本质。

不过，布鲁斯·梅斯奎塔和阿拉斯泰尔·史密斯提出的理论不是普通的帝王权术，更不是刻板的学院研究，想要理清制度的优劣和统治者的政治决策，关键在于摆脱个人偏好，深入好的或者坏的行为背后，剖析运作机制，也符合经济学思路。经济学可以运用得很广。

历史学家吴思发明了潜规则与血酬定律。我和他聊《独裁者手册》，他说很有启发，他从中总结了十几条政治领域里的定律。他说，中国人讨论政治往往用一些大词，比如主义、道路、制度之类的大概念。概念当然有用，但不能代替深入具体的分析，也就是对决策主体的利害计算。"谁决策，谁参与决策，这个决策者到底是谁，他如何权衡利害，他的个人利益何在，如何在不同的情景之下追求利益最大化，这是最基础的分析。"他说，这本书对中国人的启发应该就是实事求是。

所谓利害计算就是经济人思路。读者阅读本书，多数不是为了做经济学家，而是理解真实世界，学习新的思维方式。经济学已经在各个学科攻城略地。我们这一模块还涉及财税政治公共管理等领域。在生活中，多一分经济学思维，可能很多惯常认识就会完全不一样。我们第一模块是围绕市场制度展开讨论，第二模块是围绕国家展开讨论。下面一个模块，我们开始讨论宏观经济。

画　重　点

民主和独裁的目的，都是维持统治，而不是统治得当。选民与制胜联盟的大小，直接决定了统治者的行为模式。

布鲁斯·梅斯奎塔和阿拉斯泰尔·史密斯提供了四条统治规则：

第一，统治者所关心的是获取和维持政治权力，与人民的普遍利益无关。

第二，依赖少数人来获得并维持权力，最有利于政治生存。

第三，当这一小群亲信知道有一大批人等着取代他们时，领导就有了更多权力。

第四，依赖于小团体，能够征收较高的税收。

宏 观 经 济

凯恩斯：

经济学如何影响政治？

我们进入宏观经济模块。第一讲当然要从宏观经济学的开山祖师凯恩斯（John Maynard Keynes，1883年6月5日—1946年4月21日）聊起。

1883年凯恩斯出生于英国剑桥。小时候上的是伊顿中学，长大上的是剑桥大学，可以说他的人生充满了贵族范儿。他本人还被封了爵位。朋友圈更不简单，包括哲学家罗素、维特根斯坦，小说家伍尔夫，诗人艾略特等各路精英。

经济学家的分类

每一个学科，总有一两位标志性人物。对学科内的人来说，他们就像珠穆朗玛峰一样。赞同的人不说了，即使反对的人最后也不得不生活在高峰阴影下。我们谈到了很多重要的经济学人物，但是达到凯恩斯这个高度的真不多。他的理念很重要的一点就是凯恩斯主义，强调当经济需求不足时，为了挽救就业消费，政府应该加大投资。我更想聊聊凯恩斯的思想是如何诞生和传播的。

经济学家有很多种分类方法，宏观与微观，学院派与市场派，再加上各种主义，数都数不过来。其中，有一种分类我觉得很有意思。这是何帆老师的观点。经济学家可分为两种：当过官的和没当过官的。二者风格差别很大。注意，这不是说水平谁高谁低。我的理解，有没有当过官对现实和政策的感觉大不相同。当过官的，往往更关注理论与实际结合。最典型的，凯恩斯就是当过官的，他的理论对手哈耶克就没当过官。

凯恩斯伟大，首先就在于他不是那种把自己关在书房里的学者。他永远关注现实，也时刻准备着介入，而当时剧烈变化的局势好像也时刻渴望着他的指引。1932年是大萧条最惨的一年。有人问凯恩斯，历史上有没有类似大萧条这样的事？凯恩斯说，有的，那就是黑暗的中世纪，前后共400年。

凯恩斯与罗斯福

从这个对话，可以看出大萧条带来的伤害有多大。民众可以说生活在水深火热之中。这个时候，别的经济学家要么没准备好，要么让大家等经济自行调节。凯恩斯不一样，救火是他的专长，他拿出了整套政策方案，还给出了理论指引，即《就业、利息和货币通论》。凭着这本书，凯恩斯奠定了宏观经济学的基础。几乎同时，在大西洋的对面，美国总统罗斯福上任了。

你肯定说，这两人不是刚好一拍即合吗？这样想很自然，但有点简单了，历史的真相往往更曲折。凯恩斯和罗斯福第一次见面是在1934年5月28日。这时大萧条爆发已经3年多了。

罗斯福与凯恩斯的见面并不顺利，双方都有点失望。罗斯福是美国人，表达得直接。他说，在他看来，凯恩斯与其说是经济学家，不如说更像一个数学家。罗斯福认为，凯恩斯的理论好像对经济用处不大。作为英国人，凯恩斯表达不满则显得很含蓄。他说，我原本以为罗斯福对经济学会有更专业的理解。他言下之意是，罗斯福总统不懂经济学。罗斯福的劳工部长评价这次会面时说，学术派的凯恩斯遇到了实用派的罗斯福，交流很失败。

如果你就此断言罗斯福新政和凯恩斯无关，那就太心急了。后来的学者研究认为，两人第一次见面，确实不成功，但这不是决定性的。后来，两人还是继续来往，有见面，也有通信，两人逐渐地有了更多化学反应。随着两人交流的时间越来越多，他们开始彼此理解。凯恩斯对罗斯福的影响，就慢慢显露了。从战前政策到战后建议，他提了很多宝贵意见。

可以说，正是罗斯福这样的领袖的认可成就了凯恩斯。凯恩斯的理论终于有机会在世界上最强大的国家试验了。可见，大萧条成就了这两人。大萧条在理论上催生了凯恩斯主义，在实践上催生了罗斯福新政。凯恩斯与罗斯福，成了最佳搭档。两人联手，改变了大萧条后的世界历史。

两人的联盟可以看作是实干家和思想家的联盟。这个联盟为什么能够达成？可以说是因为彼此交往的投缘，不过，站在历史高度来看，你会意识到不同的格局。这两人的合作没有那么简单，不仅仅是两个人之间的事。

我们回顾20世纪30年代，会发现这个时代不一般。这不仅是一个大萧条的时代，更是一个国家激烈竞争的时代。国家竞争背后是思想观念的竞争，可以说是意识形态的较量。苏联和德国的兴起背后离不开集体主义与法西斯主义的支撑。罗斯福个人作为领袖，也面临竞争压力。在西方世界的舞台上，他正在和希特勒竞争。面对这样的对手，英美这些国家，迫切需要新的理论武器。经济学家赫希曼就指出，凯恩斯主义不简单，不仅是一套实用经济政策，本质上它也是一种有力的思想武器，更深地看，在集体主义和法西斯主义之外开拓了新的选择。

这样一来，重新审视两人结盟，看似偶然，但是放在大历史中几乎是注定会发生的。猜想一下，如果罗斯福不赏识凯恩斯会导致什么样的结果？凯恩斯的理念会继续传播，凯恩斯本人也会继续等待新的领袖。因为在罗斯福之前，凯恩斯也尝试过与别人会面，从威尔逊总统到胡佛总统，从张伯伦首相到丘吉尔首相。这些人不同程度上都让凯恩斯失望了。最终，他等来了罗斯福。

罗斯福经历过一系列试错，走向凯恩斯主义。罗斯福的最大特征就是够胆、有担当。

凯恩斯的特别之处

可见，两人结盟，最大原因在于有共识。共识是什么，那就是要把勇敢行动放在首位。因为当时是与纳粹竞争的关键时刻，对一个国家来说，经济不仅仅是经济，更是一个政治任务，一个道德命题。要重振经济，政府必须行动起来，要为陷入悲观失望的人民注入希望与勇气。正是基于这一共识，两人联手了。可以说，正是他们两个人极其勇敢地进行了政策的大试验，最终使美国撑过大萧条以及二战。

罗斯福和凯恩斯的合作帮助了美国，也帮助了其他国家。此前的危机中，各国的方案都是自扫门前雪，甚至把相邻的国家当成抵御危机的城墙。换言之，各个国家根本没有想过通过合作达到共同繁荣。而正是在罗斯福与凯恩斯合作之后，这种想法逐渐诞生了，随后国际经济合作模式开始成为共识。二战之后的许多国际组织，包括世界银行、国际货币基金组织、关税总协议等，可以说都包含凯恩斯的思想。

因此，凯恩斯本人也是上天给罗斯福的礼物。凯恩斯并不是一般的经济学家，他的特殊之处是对现实与政治有深刻洞察，同时基于这种洞察，进行了理论上的创新。回头看看凯恩斯的成长：一战的时候，他参与了巴黎和会为战争赔款政策的合理化而呼吁；经济危机来了，他呼吁用政策拯救失业；二战结束了，他又谋划欧洲重建。

可以看出，他的前半生经历了战争与危机，无论他的思想训练还是他的资历，几乎就像是为拯救大萧条而量身定做的。他这一辈子像一名天才救火队员，总是出现在重大的危机现场。

就这样，凯恩斯的思想通过美国传播到全世界。这个过程可以看作一个缩影，也就是经济学思想如何像火种一样在世界上点燃。无论现实如何变化，思想始终存在，也许会暂时受挫，但火种不会熄灭。凯恩斯就说过，那些认为自己完全不受任何理念影响的实干家，通常是某位已故的经济学家的奴隶。

我经常谈凯恩斯，还写过一本经济思想史的书，就叫《凯恩斯的中国聚会》。不少朋友常有误会，认为我是凯恩斯主义者。其实我认为凯恩斯和凯恩斯主义并不能等同起来。我读凯恩斯传，常常为他过早离世而感到遗憾。1946年凯恩斯就去世了，来不及见证凯恩斯主义的辉煌时刻，更不用说检讨其中的失误了。

画 重 点

在大萧条时代，西方世界的舞台上，罗斯福正在和希特勒竞争。面对这样的对手，英美这些国家，迫切需要新的理论武器。经济学家赫希曼就指出，凯恩斯主义不简单，不仅是一套实用经济政策，本质上它也是一种有力的思想武器，更深地看，在集体主义和法西斯主义之外开拓了新的选择。

凯恩斯主义：

大萧条的出路在哪里？

凯恩斯于1946年去世之后，凯恩斯主义日渐发达起来，此后二三十年内成为主流。这期间造就了欧洲和美国的战后繁荣，在有的国家甚至有黄金三十年的说法。

风水轮流转。到了20世纪70年代，这个万能药方好像突然失效了。以美国为首的西方世界出现滞胀现象，也就是经济停滞和通货膨胀同时存在，于是凯恩斯主义备受攻击。不少人都以为凯恩斯主义已经死了。谁知道2008年爆发了金融危机，经济不好，各国不得不大力救市，于是凯恩斯主义再度被人们提起。

此情此景让人想到货币主义大师弗里德曼的名言"我们现在都是凯恩斯主义者了"。这挺有意思。我们知道货币主义学派几乎就是靠反对凯恩斯主义起家从而开山立派的。可见，凯恩斯主义确实有顽强的生命力。

凯恩斯主义到底说了什么?

凯恩斯主义到底说了什么,让人如此爱恨交加?简单来说,凯恩斯主义提出当经济需求不足时要搞活经济,政府就应该扩大投资,这样才能挽救就业,刺激消费。

这些理论已经耳熟能详了。我想强调的是天下的凯恩斯主义还真不是一成不变的,具体来说,可以分为好凯恩斯主义与坏凯恩斯主义。

凯恩斯主义与《就业、利息和货币通论》一书有很深的渊源。这本书公认是宏观经济学创立的标志。如果你读过就知道并不好读,可以说艰深庞杂。

这样一本不好读的书,流行的关键与时代背景有很大的关系。1929年股灾和1933年大萧条让各国经济陷入危机。最开始多数国家的政府比较认同古典主义,也就是说,出现市场崩溃时应该让市场自动修复。我们应该熟悉这个逻辑。从亚当·斯密开始,大家就知道,市场被"看不见的手"操纵。这意味着,经济的问题随着时间推移总会被解决的。

听起来很有道理。但唯一的问题在于这个过程实在太漫长了,中间很多人会遭受痛苦。大萧条中最大的问题就是失业。传统经济学家认为,失业除了自愿失业,还有摩擦失业,意思就是失业多数是临时性失业,因此失业问题不大,市场会自动调节。

面对日益紧张的现实,这种分析听起来太不关心现实了。如果你有工作,那么大萧条确实不算很糟。如果失业了,那么一家人就陷入了深渊,痛苦程度可想而知。要知道,1931年美国失业率是15.9%，这意味着1/6的劳动力失业，而大萧条之前失业率只有3%左右。

当时美国总统还是胡佛，他也相信市场可以解决失业问题。他不作为的后果就是经济不断恶化。失业者饥寒交迫，四处流浪。于是，戏剧性的一幕出现了，在美国这样资本主义的大本营，也突然出现很多流浪汉。在繁华的大街上，他们用旧铁皮、纸板搭建了棚户区，并起名叫胡佛村。

痛苦之中，凯恩斯出现了。他不认同古典主义提出的自由市场最终会在长期上扭转经济这个结论。他反驳说，长期来看，我们都会死。这句话也成了他的名言。凯恩斯认为，民众等不及经济自动修复，失业问题必须尽快解决。当时的失业明摆着是非自愿失业。

凯恩斯主义的误解

造成如此庞大的非自愿失业群体出现，问题到底出在哪里？想要弄清楚，我们要先了解有效需求不足这个观念。所谓有效需求不足，就是有生产能力，但市场上缺乏足够的需求来购买所生产的产品。于是，企业只好解雇工人，导致失业。有效需求不足有两个原因：第一，经济不好，没有失业的人也会减少消费，失业的人更是没钱消费。第二，大家不看好经济前景，不愿意投资，所以投资需求也不足，甚至开始在床底储存现金。

这两点结合起来导致有效需求不足。有效需求不足反过来又会进一步导致消费和投资恶化。于是失业的人越来越多,投资的人越来越少,形成一个恶性循环。

这种情况下,凯恩斯认为政府应该做点什么。既然私人不愿意投资,那么最好的方法就是刺激投资或者直接由政府来投资。

这样一来,凯恩斯的学说可以说完全颠覆了传统经济学。

首先,它围绕需求展开,而古典主义往往围绕生产展开。

其次,从危机的起源来看,凯恩斯主义认为总需求的减少是经济衰退的主要原因;古典主义则认为扩大生产才是问题。

最后,从解决方法看,二者也不同。古典主义认为应该靠市场的力量,也就是主要靠私人消费;凯恩斯主义则认为市场机制陷入危机后私人投资消费明显不行了。市场不会自动调节,无法恢复均衡,因此政府应该行动,而且应该从扩大投资角度来完成。

古典经济学与凯恩斯学说,谁更正确?放下关于理论的争论不提,从实践来看,凯恩斯主义更流行。大萧条后期,大部分国家都放弃了古典主义的无为而治。前面我们谈了凯恩斯主义在美国的运用,其实英国、日本、荷兰等国当时也实施了凯恩斯主义,甚至德国也不例外。在希特勒统治下,德国走上重整军备的路线。不过,德国实施的扩张投资、扩大福利等措施,与凯恩斯主义政策也有类似之处。

就这样,几经挣扎之后,各国开始艰难地走出大萧条,凯恩斯主义被认为扮演了关键角色。凯恩斯主义立功之后,却又碰上了别的批评,不少经济学家说,凯恩斯主义就是政府出手管经济，围绕凯恩斯主义，有很多误解。

凯恩斯主义的好与坏

确实，总有人指责凯恩斯，他曾这样回应，对政府来说，重要的不是要做那些个人已经在做的事，而是要去做眼下完全没有人做的事。注意，所谓政府应该做的是没有人做的事。这是我们应该记住的一点，那就是运用凯恩斯主义的前提，即极端的经济危机情况。

问题就在于，大萧条这样的危机，不说百年一遇，至少也是几十年一遇。但一些国家很容易对凯恩斯主义上瘾。危机情况下用，普通情况下也用，不仅有宏观调控，也有微观管理。其结果是，政府短期成绩很亮眼，整个国家却很可能要付出长期代价。

比如日本，谈起失去的二十年，有很多解释。我觉得很重要的一点就是滥用了凯恩斯主义政策。过去日本政府因为经济下行主动进行了太多的投资。这些投资很多并没有效果，反而形成坏资产，对刺激经济没用，却妨碍了经济活力。如今，在过去的投资积累下，日本债务高于GDP 2倍。这不仅是凯恩斯政策滥用的后果，更是一个随时会爆发的债务隐患。

凯恩斯主义可以说专为应对危机而生，不是危机时刻却滥用凯恩斯主义，只能结出苦果。这种情况，可以叫超级凯恩斯主义，正是这种政策让凯恩斯主义背负不少骂名。更不用说凯恩斯主义倡导的是宏观调控，而不是干涉具体行业与企业了，而现实中很多行政手段其实是微观调控，具体到行业以及企业了。二者的管控方式，存在本质不同。

判断凯恩斯主义好坏，关键看剂量，再说得直白一点，危机状况偶尔用用的凯恩斯主义是好的。随时都在用的凯恩斯主义，基本是坏的。坏的凯恩斯主义，可能通往国家主义；好的凯恩斯主义，则是市场辅助。

凯恩斯本人终生都是坚定的自由党人。他认为私有制没有问题，自由市场也应该坚持，关键是市场失灵的时候需要对策。因此，凯恩斯主义应该看作一个重启的操作。当市场这台电脑，运转太久偶尔死机时，凯恩斯主义是政府不得已而为之的临时策略。

对于凯恩斯这样的大师，崇拜和误读几乎一样多。据说，凯恩斯晚年，曾经有这一个场景。面对一屋子的经济学家，他说，在座的都是凯恩斯主义者，但我不是。在同一经济学派中，凯恩斯似乎知音难觅，但是却与理论的对手更有共鸣，比如哈耶克。我写过有关凯恩斯的书，从小也很喜欢哈耶克。常有自由派朋友质问我，一个人怎么能同时接受凯恩斯和哈耶克的思想？他们觉得，这是水火不相容的。我觉得，两人并不是完全对立，而大多数人认为这两个人在观点上是对立的，这是对两人理论的误读。

画　重　点

　　凯恩斯主义可以说专为应对危机而生，不是危机时刻却滥用凯恩斯主义，只能结出苦果。这种情况，可以叫超级凯恩斯主义，正是这种政策让凯恩斯主义背负不少骂名。更不用说凯恩斯主义倡导的是宏观调控，而不是干涉具体行业与企业了，而现实中很多行政手段其实是微观调控，具体到行业以及企业了。二者的管控方式，存在本质不同。

哈耶克：

贯穿现代经济学的大辩论

这一模块是宏观经济模块。我们已经聊过凯恩斯，他一个人就颠覆了古典经济学，开创了宏观经济学。当然，古典经济学也不会甘心自动退出，自然有人捍卫它。其中一位几乎靠与凯恩斯论战，赢得了大师地位，那就是我们今天要聊的哈耶克（Friedrich August von Hayek，1899年5月8日—1992年3月23日）。

哈耶克1899年出生于维也纳，1974年获得诺贝尔经济学奖。奥地利学派的大师米塞斯，是他老师。哈耶克的背景和我们聊过的熊彼特有点像，两人都在维也纳接受教育，奥匈帝国一瓦解，他们都成为流亡者，最后都在英美世界成名。

哈耶克是犹太人，年少时，他目睹了犹太精英最后的好时光，但是当奥匈帝国解体时，原本受到帝国保护的犹太精英，就流离失所了。1918年，维也纳爆发了严重的通货膨胀，半年物价上涨70倍。哈耶克家也深受其害，甚至没钱让他去德国留学。1938年，纳粹德国吞并奥地利。同年，哈耶克加入英国籍。

这些经历使他终身抵触计划经济思想。1947年，他发起一个新自由主义学术团体，也就是后来大名鼎鼎的朝圣山学社。知名学者波普尔、米塞斯、奈特、弗里德曼等，都是学社成员。

私下里，哈耶克个性温和，但一涉及理念，他就会以自己的方式坚持。在经济学史上，他给人一大印象，就是好辩。20世纪30年代，两场重要的经济学辩论，他都参加了。第一场是关于社会主义是否可行的辩论，第二场是他和凯恩斯关于经济的大讨论。第一场，他是助攻；第二场，他成了主力。

与凯恩斯的论战

哈耶克一辈子最大的理论对手就是凯恩斯。1931年，伦敦政治经济学院邀他讲学，背后目的很明确，就是对抗凯恩斯。他1992年去世前，最大的遗憾就是没有彻底清算凯恩斯主义。从身材来看，哈耶克和凯恩斯都是巨人，超过1.8米。哈耶克比凯恩斯年轻16岁，但他看起来比较有学究气，一辈子都给人中欧知识分子的感觉，总是戴着丝框眼镜，搭配粗花呢外套，英语也有伦敦雾一样浓厚的口音。

两人论战很有名，但误解也不少。表面争论的是经济，往深里看其实是文明胜负的问题。

争论背景是大萧条时期经济危机导致失业无处不在。各国采取的应对方案不同，苏联和纳粹德国这样的经济体依靠计划模式，将国家变为一个经济军事机器。这导致曾经一段时期，经济竞争的天平向这些国家倾斜，而当时主张自由经济的英美世界反而显得有些力不从心。

于是，凯恩斯出现了，他主张扩大投资。哈耶克提出了反对意见，他认为大萧条的原因就在于政府。哈耶克指出，政府和中央银行背后，是一个个具体的人在制定决策，他们这些人过去太想维持经济繁荣，因而执行了过分宽松的财政货币政策，结果一时的人造繁荣最终让所有人付出了代价。这样人为的繁荣中，资源存在很多错配，最终导致了经济危机。政府在第一步已经错了，如果政府为挽救危机再大力介入更是错上加错，如此一来必然会剥夺人们的经济自由。

这场辩论为什么那么受关注？因为战争。两次世界大战改造了世界，也使得人们重新思考甚至重新评估不同制度的问题。这场20世纪30年代的大辩论，影响了数亿人的生活，被认为是历史上最经典、最著名的经济学决斗。辩论的结束不意味着分出胜负。围绕两人观点，后人也形成了各自的理解，使得这两人的辩论几乎贯穿于整个现代经济学史。

《通往奴役之路》

一般认为，他们两个人的辩论客观上对哈耶克更有利，因为凯恩斯名气大，哈耶克算是蹭热度出名了，但实际上通过这场辩论，凯恩斯也收获不少。他从辩论中汲取了强大的斗志，产生了理论创新的欲望。

凯恩斯宏观经济学鼻祖的地位主要是凭借1936年出版的《就业、利息与货币通论》确立的。《就业、利息与货币通论》引发了学界内外轰动，引爆了凯恩斯革命，看起来全书没有直接提哈耶克，但实际上不少地方的辩解和说明都是针对哈耶克的批评。我和学者韦森聊过，他对《就业、利息与货币通论》做了不少文本研究。他认为，与哈耶克的论战是凯恩斯写《就业、利息与货币通论》最重要的推动力。

《就业、利息与货币通论》的巨大成功，显得哈耶克有点寂寞。20世纪30年代末，大家完全忘记了哈耶克，他的一些追随者也皈依凯恩斯，比如经济学家卡多尔与希克斯。

但是，哈耶克并没有闲着，在寂寞中他埋头工作。20世纪40年代，哈耶克完成了自己的重要著作《通往奴役之路》，书中他对大政府主义展开了深刻的批判，指出当大政府以公共利益的名义剥夺公民自由的时候，人类离奴役社会也就不远了。

这本书改变了世界，也改变了他的命运。书很畅销，他的名气走出经济学圈被更多的人知道。不过你可能想不到，就因为书太畅销，他遭到很多非议。很多学者觉得专业的学者不该写这样的畅销书。

无论怎么说，两人交锋的结果，是各自发展出了不同的理论体系，给世界留下了巨大遗产。两人虽是理论对手，私下交情却不错。两人观念上的鸿沟，也不是不能调和。凯恩斯读完《通往奴役之路》后写信给哈耶克，说我们的分歧，只是在哪里划下界限的问题，你大大低估了中间道路的可行性。

哈耶克与凯恩斯辩论的影响

凯恩斯所说的中间道路，真的存在吗？这是永恒的问题。我认为应该存在。当经济正常运行时，政府不应该过分介入经济，而应最大限度地保护民间的经济自由；当经济出现危机时，必要的出手是需要的。多年来，公众对二人的态度总是摇摆不定，当危机来临时，往往求助于凯恩斯；一旦经济平稳，哈耶克又占上风。

两人的分歧，本质上是世界观的分歧。凯恩斯是个乐观主义者，意识形态和政治理念比较务实灵活。很自然地，面对困境时他主张政府出面，撑起经济。哈耶克则是一个怀疑论者，他有清醒的悲观态度，把理念看作不可动摇的信仰。比如凯恩斯说，长期来看，我们都会死。哈耶克就批判说这句话的信徒，会遇到洪水滔天那一刻，并终将自食其果。

英国思想家柏林说，学者分为狐狸型学者和刺猬型学者两类。狐狸型学者几乎无所不知，刺猬型学者则仅钻研某一领域。从这个角度看，哈耶克类似刺猬型学者，一生做的唯一大事，就是捍卫自由市场。

哈耶克早年的书，比如《货币理论和商业循环》《物价和生产》等，往往是从价格与商业周期等经济学角度，去批判计划经济。从《通往奴役之路》后他的兴趣开始转移，不再局限于经济学，后来陆续出版了《自由宪章》《致命的自负》等名著。他的视野已经从经济学转向了政治哲学和心理学，从而能以自发秩序等观念，去论证市场的必要性。从青年到晚年，横跨几个学科和不同角度，哈耶克始终没变的是著作的核心始终是捍卫市场。

在大陆哈耶克更多被当作经济学家，在台湾他更多被当作政治学家，这都有道理。无论经济学还是政治学，他都为自由呼吁。凯恩斯更类似狐狸型学者，立场总在变化。他的名言就是，当事实改变，观点自然随之改变。

不过，哈耶克也有自己的分类。他说学者的头脑有两种：一种是记忆型，可将自身专业知识完美掌握；另一种是糊涂型，长处不在记忆，而在于将知识形成新框架。哈耶克自认属于后者。这种分类，其实隐含了他思想的底层逻辑，即真正重要的知识是分散的，不可能集中于一个人或者几个人头脑中，因此中央计划必然无效。能将人类融为一体的，只能是彼此依靠的市场秩序。

我大学读哈耶克，最大的感觉是他真幸运，活得真长，经历了一战、二战，还经历了凯恩斯主义的高潮与低潮。很多年的时间里，他几乎无人关注，晚年一度有临床抑郁症。幸好，他等到了自己的胜利，获得了诺贝尔奖，看到了苏联解体。英国撒切尔夫人等领导人更是把他当作导师。

今天，哈耶克在华人世界仍旧影响巨大，不少重量级的经济学家都在号召重读哈耶克。哈耶克为什么还不过时？我想，最大原因在于他点出了关键事实：自由市场对经济社会的发展是有好处的。

　　台湾大学附近有个茶馆，叫紫藤庐，经济学者柳红带我去过。最早的主人周德伟是哈耶克的亲传弟子，他翻译过哈耶克著作，为普及其思想做出不少贡献。如果你去台北，可千万不要错过。

画　　重　　点

　　哈耶克指出，政府和中央银行背后，是一个个具体的人在制定决策，他们这些人过去太想维持经济繁荣，因而执行了过分宽松的财政货币政策，结果一时的人造繁荣最终让所有人付出了代价。这样人为的繁荣中，资源存在很多错配，最终导致了经济危机。政府在第一步已经错了，如果政府为挽救危机再大力介入更是错上加错，如此一来必然会剥夺人们的经济自由。

弗里德曼：

货币是"中立"的吗？

在宏观经济这个模块，我们聊过凯恩斯，也聊了对凯恩斯主义的批判，包括哈耶克从市场角度的批判和布坎南从财政角度的思考。今天我们聊一聊另一位经济学大师。他从货币角度批判了凯恩斯主义，为资本主义的自由做了辩护，他就是米尔顿·弗里德曼（Milton Friedman，1912年7月31日—2006年11月16日）。

20世纪中后期，影响最大的经济学家非弗里德曼莫属。这位思想上的巨人，现实中是个小矮个儿，身高不到1.6米，思想爆发力却无人能敌，一开口，如机关枪般扫射，令对手望风而降。

他1912年出生，父母是乌克兰第一代犹太移民，两人是工人。高中时，父亲去世了，家里可以说一贫如洗。但是弗里德曼靠着个人能力，获得奖学金，上了大学。他本打算成为精算师，但毕业时正是大萧条时期，因此他认为经济学更有用，于是，他去了芝加哥大学读经济学。从此，经济学界多了一段传奇。

弗里德曼的货币主义

弗里德曼的名气来自两重身份，这两个身份，彼此放大。学术上，他开创了货币主义学派，并于1976年获得诺贝尔经济学奖。媒体上，他是一个活跃公民，乐此不疲地捍卫个人自由。他的电视节目与书一度家喻户晓。他能清晰有力地分析经济逻辑，启蒙亿万民众。

提到货币主义，你可能听过弗里德曼的一句经典名言，通货膨胀从来都是一种货币现象。他对货币的思考始于一个看起来好像很简单的问题：货币究竟是什么？在经济学者的模型中，货币除了现金，也包含各种银行存款。在弗里德曼之前的经济学家往往认为货币只是个小工具，用来标记价格而已，对经济活动并不重要，只有交易、生产、就业这些实实在在的经济活动才重要。货币只是蒙在这些经济活动外面的薄面纱。

这比较符合人的直觉。亚当·斯密也说过，货币起源于物物交换。今天很多经济学家还认为货币只是等价交换品，很自然地会觉得货币对经济不重要。

弗里德曼的伟大，就在于他能超越这种直觉。在他眼中，货币有实际影响，是他首先指出货币也是一种资产。在历史上，贝壳、胡椒，甚至香烟都曾充当过货币。这意味着，和别的资产一样，人们对货币的态度也可以用需求来解释，而且个人收入、利率水平等，都会影响货币需求。

这个看法如何证明？怎么才能让抽象的货币现出本来面目？答案是统计。他用实实在在的历史数据来说明，货币量的波动对经济运行的影响很重要。通过收集数据并对数据进行研究，他指出1867—1960年美国货币供应量变动与经济运行间存在一致逻辑联系，因此说明，货币数量与经济具有重要关系。

金属货币制度

当货币充足，经济往往活跃；货币不足，经济往往萎靡；货币太多，则可能通胀，这个发现构成了货币数量论的基础。简单来说，货币数量变动与物价变动、货币价值间，存在因果关系。可以看出，恶性通胀都是源自滥发钞票。为什么有滥发？谁能滥发？答案不言自明。

20世纪30年代，美国实施了白银购买计划，结果拉升了白银价格。民国实行的是银本位，白银涨价相当于货币升值，打击出口，也造成严重通缩，百业萧条。不得已，政府放弃银本位，改成纸币。

银本位是金属货币制度。金属含量有限天然约束了通胀，改成纸币也就失去了金属货币制衡。于是，民国通胀噩梦就开启了，最后金圆券的价值，甚至不如白纸，市场上退回到以物易物的状态。可以说，恶性通胀让民国陷入危机。

可见，货币很关键，一旦对货币的理解发生错误，后果很严重。弗里德曼的研究将货币重新引入宏观经济，因此很多旧认知就站不住脚了。

大萧条是宏观经济学的圣杯，凯恩斯就是靠这起家的。在经济世界中，一个关键问题是，为什么大萧条会持续那么久？最开始只是银行危机，看起来和以前的危机也没有多大不同。弗里德曼对1929年至1933年的数据进行观察研究，发现当时的货币供应量下降1/3。所以，他认为，大萧条的原因在于货币供应量不足。

对此，美联储要负很大责任。由于金本位制约束，加上内部权力斗争，当时美联储错误地收紧银根，导致货币供应量不足，拉长了萧条时间。这个解释很有影响力，后来美联储主席伯南克的大萧条研究就是在这个基础上展开的。

弗里德曼看凯恩斯主义

货币供应量不足，是不是要多发钱？这和弗里德曼的反通胀主张好像有点矛盾，其实不矛盾，问题的关键是要看场景。货币多了会导致通胀，少了会造成通缩，尤其是危机期间，通缩会造成大面积倒闭和失业。为了解决通缩，需要多发货币，而为了防止通胀，又要对政府进行约束，这两方面该如何平衡呢？弗里德曼认为，约束政府货币超发冲动的方法就在于货币供应必须稳定，设定一个固定的货币增长率。这样，货币增长才能有效控制，物价也会平稳，不会过高，也不会过低。

这样一来，凯恩斯有效需求不足就不成立了。凯恩斯主义的框架从根基上就面临倒塌风险。当时，弗里德曼这种挑战凯恩斯主义的行为，需要极大的勇气。

20世纪五六十年代，凯恩斯主义十分盛行。这背后折射了社会变化。当时民权运动风起云涌，民众对公共生活的要求也提高了。这意味着政府越来越需要通过福利购买民心。政府变得越来越大，对公共品介入越来越多。空气、噪声、水质，甚至包装都有了立法。管制越来越多，自然债务也越来越多。当时出台的不少经济政策，都是基于凯恩斯主义提出的。

政客也打出各种口号，迎合这样的思潮。肯尼迪说扩展新边疆，约翰逊号召美好社会，尼克松直接说，现在我们都是凯恩斯主义者。

弗里德曼的研究打破了这种沉闷局面，打响了反凯恩斯主义第一枪。他从不同方面打击凯恩斯主义。从货币方面的打击，我们已经说过了。另外，他还提出消费取决于永久收入，不取决于当下收入，而且长期来看，通胀起不到减少失业率的效果。

在弗里德曼看来，凯恩斯主义没干什么好事。他认为，加大政府开支必然加大货币投放。通胀在可见的未来里注定增高。普通人感受到信号，必然会降低对未来的投资和消费，也会降低当下消费。这样一来，政府加大开支效果就被抵消了。因此，凯恩斯主义短期效果不过昙花一现，长期看对经济毫无效果，反而会加大通胀，简直得不偿失。20世纪70年代的滞胀，也就是通胀与停滞并存，就是多年凯恩斯主义的恶果。

同时，弗里德曼大力呼吁放松对市场的管制。他做了很多电视节目抨击大政府。他说有四种花钱模式：花自己的钱办自己的事，节约又有效果；花自己的钱办人家的事，只节约没效果；花人家的钱办自己的事，讲效果不讲节约；花人家的钱办人家的事，不讲效果又不节约。

弗里德曼认为，苏联的财政政策就属于最后一种，美国不应该学。因此，他支持私有化，即使公立学校也不例外。具体操作就是政府不再直接补贴学校，相同的钱，折算一下，改给家长发教育券。家长自行选择学校，不受学区限制。学校用收到的券来兑换经费。这样，家长权限加大，学校也有动力搞好竞争。这种思路对当下紧俏的中国学区房，是不是也有一些借鉴意义呢？

普林斯顿的经济学家邹至庄，是弗里德曼的学生。他认为，弗里德曼对自由市场很有信心，相信它能解决几乎所有的经济问题。我想，这种信心背后，其实与个人成长经历有关。

从一个贫困的犹太移民到顶级的经济学大师，这完全是一个美国梦。很自然地，弗里德曼带有典型美国人的特征，有天真热烈的乐观主义。前面我曾说过，凯恩斯比哈耶克乐观，但凯恩斯这种英国绅士的乐观和弗里德曼一比就显得保守了。我的同事马丁·沃尔夫就说，凯恩斯是没落国家里的中上阶层，觉得自由市场没希望了。弗里德曼是彻头彻尾的美国人，乐观得很，觉得有希望重振自由市场，同时限制政府。

弗里德曼的名声在20世纪80年代达到顶峰，那时美国刚经历了70年代的滞胀。经济越是滞胀，让他越像先知。里根总统是他的信徒。货币主义也一度成为美联储的指导原则。当然，观念的世界没有永恒的赢家，他的胜利没有持续太久。

弗里德曼成名于芝加哥大学。因为他，芝加哥学派甚至成为放松管制的代名词。2006年，他去世了，芝加哥大学成立贝克尔-弗里德曼经济研究所，纪念他和经济学家贝克尔。我到过那里，红色外墙，哥特式风格，很有中世纪风范。如今，这里学术氛围依旧浓厚，但对管制等思考已经有所不同了。

画　　重　　点

　　弗里德曼的伟大，就在于他能超越这种直觉。在他眼中，货币有实际影响，是他首先指出货币也是一种资产。在历史上，贝壳、胡椒，甚至香烟都曾充当过货币。这意味着，和别的资产一样，人们对货币的态度也可以用需求来解释，而且个人收入、利率水平等，都会影响货币需求。

克鲁格曼：

规模报酬递增如何改变国际贸易？

这一讲，是宏观经济模块的最后一讲。我要聊聊读者比较关心的贸易战，介绍的这位经济学家就是新国际贸易理论的开创人保罗·克鲁格曼（Paul Robin Krugman，1953年2月28日—）。

经济学大师大部分是犹太人，克鲁格曼也是犹太人，而且是一个天才。他1953年出生于纽约长岛，1977年获得麻省理工学院博士学位，2008年获得诺贝尔经济学奖。当时的人们对他得奖一点也不感到惊讶。克鲁格曼38岁就得了克拉克奖。这个奖的得主基本被认为是诺贝尔奖后备军。不过，他2008年得奖还是有点令人意外。第一，太早，毕竟比他资历老的人多了去了。第二，他完全凭借能力独立夺得奖项，比较少见。可以看出，克鲁格曼有才华，还不缺幸运。所以，有人说他是经济学界的莫扎特，也有人说他是经济学界的爱因斯坦。

你知道克鲁格曼可能主要是因为他在《纽约时报》的博客。他精力旺盛，24天可以更新98篇博客。获得诺贝尔奖后，他很快来了中国，据说出场费不低。当时诺贝尔奖在国内很稀罕，何况还是热乎乎的新科状元，所以他在中国也进行了华丽的巡游。

巡游的高潮部分，就是安排中国经济学家和他进行车轮对话。事后，不少人用了"激辩""舌战"等字眼。当时我也在现场。在大家围观中，他反而有点迷茫，简直像个无助的大男孩。对中国经济的问题，他很坦白，表示不了解，无法回答。

"糟糕人气"的克鲁格曼

很多人说，克鲁格曼成功预测了亚洲金融危机和2008年金融危机。确实，他谈过这两次金融危机。1996年，克鲁格曼引用别人研究，指出所谓的亚洲奇迹根基不牢，迟早会幻灭。第二年，亚洲金融危机爆发，让他赢得不少关注。至于美国金融危机，在我看来，有点误打误撞。美国是民主党和共和党轮流执政，当时执政的小布什属于共和党。克鲁格曼是民主党的坚定支持者，20世纪90年代就大力支持克林顿竞选。小布什当了8年总统，他几乎骂了8年，很难说他真正预测到了2008年金融危机。

好玩的是，克鲁格曼这样为民主党出力，但他从来没有当过总统的经济顾问。凭他的资历，本来应该不成问题。之所以未能为总统服务，据说主要是因为他人缘太差。他在华盛顿待过一年，发现自己太耿直又太聪明，混不了政治圈。不过，在华盛顿他学会了一个新技能，那就是怎么用大众能懂的话，讲严肃的经济问题。这使得他成为美国著名的公共知识分子。

规模报酬递增改变国际贸易理论

不过，你要是以为他因为预言金融危机获奖那就错了。他的学术地位主要与国际贸易理论有关。前面讲李嘉图的时候说国际贸易的基础是比较优势，就是大家交换各自有优势的商品。按道理说，穷国富国资源禀赋不一样。如果各自都集中生产有优势的商品，那么结果是什么？应该是穷国和富国之间的贸易量变大。道理很简单，它们之间的互补性更强。然而，实际情况并不是这样。现实中的贸易发生在发达国家和发达国家之间更多，比如欧洲一些国家进口美国汽车，也向美国出口汽车。

这个矛盾让经济学家很困惑，不知怎么解释。对此，克鲁格曼很机智地引进了一个关键概念，即规模报酬递增这个改变对国际贸易理论甚至经济学来说是革命性的。

以前的贸易理论模型都是以规模报酬不变这个假设为基础展开的。规模报酬不变是指随着生产规模的扩大，单位成本不变，那么每单位资本获得的报酬也不变。但克鲁格曼发现在现实经济中规模是可以有规模效应的，也就是说，哪怕你最开始没有明确优势，只要规模达到一定程度，优势就可以建立起来了。比如采购成本可能降低，生产效率可能提高，某个专有技术上有所突破，等等。每一份资本的报酬也就随着规模的上升而上升了，这个就叫作规模报酬递增。中国人对此并不陌生，在中国，一些看起来不起眼的小镇，也许就能生产全球绝大部分的某种商品，从打火机到内衣。

这就可以理解为什么发达国家之间贸易更多。因为一个国家再先进，也不可能占领全部产业，总有地方不如他国。越是发达的经济体产业竞争力越强，这些产业越需要在全球寻找最有竞争力的合作商与供货商。这些最有竞争力的合作商或供货商很多时候不是在发展中国家，而是在发达国家。这样，反而是发达国家彼此需要的领域更多，它们贸易量也就更大，甚至是同一个产业内相互间的贸易量都很大。2011年日本大地震，全球电子元件供应链都告急。大家才发现，说了那么多年日本失去二十年，但是日本还是有它的竞争力，世界上有那么多零部件来自日本。

相互依存的国际贸易

这就引出一个深刻的洞察：越是发达的国际贸易，越是你中有我，我中有你。积极参与国际分工才能享受更多的好处，没有国家可以在闭关锁国中练就高超的产业竞争力。甚至可以说，国家越强大，就越是依赖他国，也就越脆弱，但这是必须承受的脆弱。就连美国最强的科技公司苹果也是设计在美国，制造组装在全球。

让我们换个角度看贸易逆差，美国人总抱怨中国出口太多，觉得中国占了美国便宜。部分中国人也觉得我们出口那么强，代表我们有实力了，并且以后不用看人脸色了。克鲁格曼的理论让我们看到另一面真相。比如一台iPhone，组装生产基本在中国进行。那么，美国从中国进口iPhone要花178.96美元。因此，美国对中国的贸易，就有了约179美元的赤字，但光看数字还不能了解实际情况。2009年，我的朋友邢予青老师，就做过一个很有名的研究。邢老师拆解了iPhone的制造与装配，发现涉及多个国家的产品，其中，包括34%的日本产品、17%的德国产品、13%的韩国产品，还有6%的美国产品。在中国的人工组装成本是多少？6.8美元，只占3.8%。

这样看起来，即使是美国公司发明再多高科技产品也不会增加美国出口，与此相反，还会加剧美国贸易赤字，所以不应该拿着贸易逆差大棒反对自由贸易。全球生产网络加上高度专业化的生产流程已经扭转了传统的贸易模式。如今，中国组装出口iPhone，而美国进口自己发明的高科技产品，面对这种局面，传统的贸易统计方法无法正确地衡量贸易赤字。

这正是中美贸易不平等的关键。美国抱怨中国出口太多不太符合事实。现代全球贸易网络，跨国公司作用巨大，它们把生产环节放在哪个国家，哪个国家的出口顺差就大。中国也是这样，中国的做法实际上是以中国为核心，整合了整个东南亚甚至拉美、澳大利亚等资源输出国，在中国完成加工生产之后，出口到美国和欧洲。中国对美国有顺差，但前提是，中国对别的国家存在逆差，比如对日本、韩国等。整体而言，中国的贸易顺差占GDP比例，已经下滑到微不足道的水平。

从克鲁格曼的理论出发，很自然得出一个结论，就是支持自由贸易，所以不少美国经济学家反对美国和中国打贸易战。

克鲁格曼这些年已经不再做什么正经学术研究。他现在主业和我有点像，就是专栏作家。不过，他文章的攻击性比我强多了。我的同事马丁·沃尔夫和他吃饭。克鲁格曼就说，他写篇专栏，如果没有很多人歇斯底里地反对，他就认为自己白写了。马丁·沃尔夫吃完饭不由得感叹，在美国，一位诺贝尔奖经济学家也可以变成最具争议的专栏作家。

有人说，经济学家有三类。第一类是真正的经济学家，第二类是经济工程师，第三类是特定经济利益发言人。这三类经济学家好像都在讨论问题，但高下区别很大。一些诺贝尔奖得主也不过是经济工程师，但克鲁格曼属于有思想的经济学家。

画   重   点

　　越是发达的国际贸易，越是你中有我，我中有你。积极参与国际分工才能享受更多的好处，没有国家可以在闭关锁国中练就高超的产业竞争力。甚至可以说，国家越强大，就越是依赖他国，也就越脆弱，但这是必须承受的脆弱。就连美国最强的科技公司苹果也是设计在美国，制造组装在全球。

资 本 市 场

徐瑾经济学思维课

扫码免费听"徐瑾经济人"精选内容
和明白人一起学财经

赫伯特·西蒙：
人的理性是无限的吗？

　　这一讲开始，我们进入资本市场这一模块。资本市场本身具备高度不确定性。在这里，我们看到太多疯狂和泡沫。所以，这一讲，我想先颠覆一下过去对理性的认知。

　　今天介绍的这位学者很特别，在我们介绍过的经济学家中可能是最博学的一位。他就是赫伯特·西蒙（Herbert Alexander Simon，1916年6月15日—2001年2月9日）。经济学家萨缪尔森曾说过，西蒙是他见过最有智慧的人。我有朋友现场听过西蒙的演讲，说这个人完全是一个没有学科边界的人。

　　1916年，西蒙出生于美国威斯康星州的密尔沃基。这里德国移民居多，他的父亲就是一位德国犹太电气工程师，后来成为专利法的律师。他的母亲则是一位很有才华的钢琴家。西蒙从小接受了很好的教育。他的一生有9个博士头衔，据说会20种不同国家的语言。在学者中，他是唯一获得诺贝尔经济学奖和图灵奖的人。西蒙的研究领域横跨自然科学和社会科学。

他的学术身份主要是卡内基-梅隆大学计算机科学与心理学教授。可能你会好奇，他都不在经济系，怎么会得诺贝尔经济学奖？确实，不少经济学家和媒体都认为，西蒙是经济学的局外人。1978年颁奖给他的瑞典人面对这个问题是这样回答的："就经济学最广泛的意义上来说，西蒙首先是一名经济学家。"

计量经济学

西蒙得奖和战后经济学越来越数学化有些关系。据西蒙回忆，1950年，文章哪怕只是有个方程式，就很难发表在《美国经济学评论》这样的顶级期刊上。但是到了1970年，数学已经全面入侵经济学。再简单的理论，如果没有数学公式，很难在顶级期刊上发表。可以说，经济学越来越计量化。

这股风潮背后，离不开一个小团体的推动，那就是计量经济学会。而在1954年，西蒙已经是计量经济学会的荣誉会员。翻看这份荣誉会员名单，会发现这是一个神奇的名单。因为，这个名单中的人和诺贝尔奖得主高度重合。从1969年到20世纪70年代末，共有27位诺贝尔奖获得者。在这份荣誉会员名单上，有20位已经获奖，有3位将在未来获奖。换句话说，当时诺贝尔奖得主中，只有布坎南、舒尔茨、刘易斯与米德4个人不在这个名单上。可以说，出现在这个荣誉会员名单上，差不多就是诺贝尔奖的保证，更是精英经济学家的象征。西蒙也早就属于精英经济学家的圈内人。

不过，尽管背靠计量经济学会的大山，西蒙并没有因此就护短。他晚年对经济学中的主流人物提出不少批评。他认为很多理论研究就像黑夜里丢了手表的人，不管三七二十一，只在有路灯的地方寻找，甚至明明知道手表不是掉在路灯下，还自我安慰，至少这样能得出不少有用的推论。他认为经济学过于强调走硬科学的道路，总想模仿物理学，搞几个笼罩一切的大定律。他认为经济学应该学习生物学之类的学科，有事实以及解释这些事实的理论，这样或许更有意义。

向理性人发起挑战

西蒙这番话其实有针对性，针对的是理性经济人这个经济学第一前提。在很多经济学家看来，理性经济人几乎等于物理学中的第一定律。西蒙得奖恰恰是因为有限理性理论，也就是说，人是处于完全理性和完全非理性之间。

这听起来很符合常识，但是对经济学而言，这是一个颠覆性的说法。我们学过亚当·斯密的理论，在斯密那里，理性还只是日常的朴素观察，只是为了说明人们的所作所为有其原因。这个假设在经济学的发展中却越来越严格化、抽象化，到了两次世界大战后，主流经济学中，经济学者们认为人是完全理性的，强调人能掌握一切变化信息，然后做出效用最大化的决策。

这种假设对掌握了强大数学技术的经济学家来说，用来写论文是很好用的，所以经济学家们一直坚持这个假设，但面对真实世界的时候往往受到很多质疑。我还记得，我去大学给同学上课时，谈到理性的概念，同学往往最难理解。因为从身边的案例来看，生活中有太多的不理性行为。当然，你可以辩解，你做某件当下不理性的事可能是为了预期未来有更大回报。这其实是借助了理性预期的思想勉强自圆其说。

在西蒙看来，这些解释不太成立。在这样的假定中，企业中所有人的行为被假设成一个单调的生产函数和企业家的组合。在多数经济学家眼中，企业好像只需要遵循一个函数来对外界价格信号随时随地做出精确反应，决定最优化的产量，如此简单就可以健康地发展下去。

但如果观察企业中人的行为，事实并不是这样。对企业中的人来说，给定信息来决定产品的产量只是企业决策中很小一部分，也没有什么挑战。这个决策往往不是效用最大化的决策，甚至不需要计算。凯恩斯很早就明白这个道理。他说，精准计算收益后再进行的经营活动很少。少到什么程度呢？几乎和到南极探险一样少。真实企业的大部分工作是放在设计产品、营销、财务、制造流程等一系列的设计活动上。西蒙曾经做过一个小调查，发现80%的高管认为内部组织是最重要的问题。

再举个例子，很多风险投资人面对重大投资决策时总喜欢说，双方见面3分钟就敲定了。当然，很多并非事实，投资肯定计算未来回报，但是这也透露出一些信息：人的决策，很多时候不是最大化，而是满意。我和不少企业家聊过，他们说，即便是在做关键决策的瞬间，首先采取的策略也不是利益计算，相反，很多重要决策竟然是凭借一股劲或者冲动。所以，决策者追求理性，但不是最大限度地追求理性。

可以说，西蒙更多的是从组织行为等管理学思路来审视经济学，这也使得他思考了别的经济学家没有思考的问题，那就是从社会人的角度审视经济人，因此，很自然就会发现，人是有限理性的。有限理性是什么意思呢？西蒙说，世界太复杂了，而且随时在变化，人的大脑其实没有能力收集所有的信息，就算收集了很多信息，他也没有能力把一切在一秒钟内算得清清楚楚，计算出最优解。实际上，人只要大致满意，就可以做决策了，所以人的理性是有限的。而且，由于世界变化很快，很多时候人不是依靠计算而是遵循一定的规则来决策，人的理性更多体现为过程理性，而不是实质理性。

西蒙的遗憾

这个发现在经济学界可以说是破天荒的，也是开创性的。遗憾的是，在西蒙的时代，他的研究虽然获奖，但是并没有真正改变主流经济学。

为什么这样？主流经济学的思维惯性实在太强大了。大家把西蒙的发现当作一种误差。更多的学者以一种视而不见的方式处理。可以说，主流经济学对有限理性的态度，本身也是一种认知误差，也是一种有限理性的体现。后来的行为经济学就在西蒙的基础上继续推进。他们努力叫醒主流，睁开眼吧，有限理性不是误差。

经济学对有限理性概念的忽视对西蒙来说是很遗憾的事情，也导致他对经济学这个学科有些失望，但他也没时间伤感。西蒙后来沿着"人是如何决策的"这一中心问题往下研究，自己的研究扩展到很多学科，他对自己的定位是政治科学家、组织理论家、经济学家、管理学家、计算机科学家、心理学家以及科学哲学家。经济学只是他研究领域的一小部分。

西蒙喜爱阅读，又喜欢科研，成果还那么多，很多人都好奇他的时间管理。西蒙是能者多劳，但他也可以说惜时如命，多次感叹时间是最大的暴君。所以，为了时间，他放弃校长等管理职位，甚至放弃不少爱好，比如国际象棋。他的原则之一就是有时候要表现得不近人情。这样的话，别人也会少拿一些琐事来烦你，你也可以方便拒绝人。

经济学家孙涤和西蒙有一些交往。孙涤说，其实西蒙私下是个很友好的人。当时孙涤还只是年轻学生。20世纪80年代，大家一起组织了中国留美经济学会。1989年圣诞前夕，留美经济学会年会在匹兹堡举行。当时的匹兹堡天气很冷，零下二十几摄氏度，漫天风雪。但是，西蒙还是到场表示祝贺。在这样的特别时刻，大家很感动。孙涤回忆，西蒙还会一些中文，中文字写得也端端正正。他还有个自己取的中文名字——司马贺。

西蒙这样的大师是不世出的天才，这些大师的光芒照亮了从过去到现在的认知地图。他们是人类智慧帝国的先行探险者，他们的思考就像种子撒入大地，未必当时就生根发芽，但是最终会开花结果。

认识到西蒙提出的人不是理性的，而是介于理性与非理性之间，处于有限理性的状态，这对我们看待很多人的行为和经济变化有了新的思考。

画　　重　　点

西蒙认为人是处于完全理性和完全非理性之间，这颠覆了亚当·斯密的理论。

西蒙认为人的大脑其实没有能力收集所有的信息，就算收集了很多信息，他也没有能力把一切在一秒钟内算得清清楚楚，计算出最优解。实际上，人只要大致满意，就可以做决策了，所以人的理性是有限的。而且，由于世界变化很快，很多时候人不是依靠计算而是遵循一定的规则来决策，人的理性更多体现为过程理性，而不是实质理性。

从卡尼曼到塞勒：

人的非理性有什么价值？

上一课我们学习了赫伯特·西蒙提出的人的有限理性理论。这一课，我们就人的有限理性理论做进一步的思考。这就要提到最近几年才进入大众视野的行为经济学。行为经济学定义很多，你可以把它理解成心理学与经济分析相结合的产物。今天介绍两位行为经济学的奠基人，丹尼尔·卡尼曼（Daniel Kahneman，1934年3月5日—）和理查德·塞勒（Richard H. Thaler，1945年9月12日—）。

他们都是犹太人，都极其聪明，都得了诺贝尔经济学奖。卡尼曼你一定不陌生，我们都通过他的那本畅销书《思考，快与慢》对他有了一定的认识。他其实是位心理学家，误打误撞成为行为经济学的开创者。他一直算是经济学的局外人。2002年，他得奖时感到非常意外。据说，因为他太过激动，居然不小心把自己锁在办公室外，闹了个大笑话。

　　塞勒算是把行为经济学开枝散叶的新一代。如果你看过2015年好莱坞热门电影《大空头》，他在里面客串。多年学术路上，他都被认为是非主流。据说法律经济学创始人波斯纳听了塞勒演讲后抗议说，这完全是违反科学的。

　　卡尼曼评价塞勒，他最大的优点就是很"懒"。如果你熟悉思想史，就知道很多创新，基本是"懒人"推动的。塞勒的朋友评价他，塞勒私下是个非常风趣的人，有点冷幽默，也敢提尖锐问题。我认为这些性格反而成就了他。在别人眼里，他有点离经叛道，并且一直勇敢地挑战传统经济学。2017年他获得诺贝尔奖，表明行为经济学正式登堂入室。

行为经济学的挑战

　　可见，行为经济学得到承认，其实是不到20年的事。为什么那么慢呢？我们学过斯密，他奠定了经济人或者说理性人的基础。这成为主流经济学或者说理性主义者的出发点，且深入人心。行为经济学的爆发，在于它对这一存在200年的基础发起了挑战，面对的困难，相信你可以想象得出来。

　　直到1985年，双方有了第一次诺贝尔奖级别的"辩论赛"，地点在芝加哥大学。双方辩手都是著名的经济学家，行为经济学阵营由赫伯特·西蒙、特沃斯基和卡尼曼领队，肯尼斯·阿罗友情支持；理性主义者的阵营是罗伯特·卢卡斯、默顿·米勒领队。不仅如此，就连观众中都有六七位未来的诺贝尔奖得主。但是，大家争来争去，其实还是各说各话。塞勒当时还只是毛头青年，决定来点幽默感。他向大家提出两个命题：第一，理性模型是无用的；第二，所有行为都是理性的。这两个命题，显然双方都同意是错误的。他问大家，那么为什么还要浪费时间反驳彼此？

话虽如此，但双方后来还是各执己见。我认可一种评价：塞勒获得诺贝尔奖代表经济学新范式的兴起。范式就是思维框架，一个范式的兴起往往意味着它可以解释很多以前觉得无法解释的问题。但是，等它成为权威范式，往往又会有了惰性，开始阻碍新的范式取代它。比如，大家习惯地心说的时候，最早提出日心说的哥白尼，即使更正确，也会被认为是异端。

经济人指的是理性地追求自我利益的人，但你观察下你身边的人就感觉不太对。无论如何定义，人并不总是理性的。比如很多利他行为，《哈利·波特》作者罗琳，这位单身母亲曾经穷困失业，成功后，她捐出1500万美元。而更多的人在默默捐款，更不用说人类总是做出一些明显不理性的决策了：金融市场上的追涨杀跌，在泡沫顶端冲入市场，或者相信骗局。

当然，主流经济学也不是视而不见，他们通过信息短缺、价格黏性、金融摩擦等理论希望完善主流模型，来解释这些行为。结果，看似能自圆其说，但是随着行为经济学的兴起，传统上的很多解释，遭遇了新的挑战。卡尼曼和塞勒的研究极大地刷新了对理性人的认知。他们提出的前景理论、心理账户等词语，已经在很多领域广泛应用。

框架效应

卡尼曼有一个著名的理论叫作框架效应，框架效应说的是面对同一个问题的时候，人们会因为表述方式的不同，导致最终采取的决策也不同。

卡尼曼用一个试验来说明这一点。这个试验假设美国正在面对一种异常的疾病，这种疾病可能导致600人死亡。有两种治疗方案：A方案，可能救治200人；B方案，1/3的概率能救治600人，2/3的概率无人获救。有72%的人选择了A方案。

卡尼曼又尝试变换了一下表述，假设面对这种异常疾病的时候，现在有另外两种治疗方案：C方案，死亡400人；D方案，1/3的概率没有人死亡，2/3的概率600人全部死亡。这回有78%的人选择了D方案。

方案A、B、C、D最终导致的结果其实是一样的。但是因为表述的不同，人们采取了不同的决策。这也说明，人并不完全是理性的。

塞勒对经济人认知的崩溃

塞勒对经济人的认知也有过一次崩溃，这和他刚做老师时的经历有关。他教微观经济学也算尽心尽力，但学生不满意，倒不是课上得不好，而是成绩不高。总分为100分的考试，全班平均分只有72分。学生觉得不好看，他觉得不太能理解。因为最终成绩是以A、B、C、D划分的，考试分数其实不影响大家的等级。

解释了半天，学生还是对72分的平均分感觉很愤怒。

年轻老师惹学生不高兴就是饭碗问题了，塞勒做了弥补。怎么办？把考试总分从100分提高至137分，学生答对其中70％问题，就是96分，相当于平均分是96分。这样一来，皆大欢喜。当然，学生们也知道满分是137分。但是137不容易与100直接换算，看到自己分数接近或超过100分。大家欣喜若狂，也懒得去想。其实，成绩没什么变化。

类似的案例在行为经济学里很多，简直像人类蠢事傻事大合集。大跌眼镜之余，我们也可以思考更多。看似错误的行为，对刷新认知有什么作用？人不具有主流经济学理想中的理性，至少生活中大部分情况不具有，甚至在做关键决策的时候也并不具有。人的理性具有有限性，人天生具有非理性倾向。这不是全然颠覆主流经济学，而是拓展经济学对人性的认知。经济人的模型存在有限性。

人的非理性价值

大家都说，这是人工智能时代。人的优势在哪里？理性，可能拼不过机器人。这时，人的非理性其实有了更多价值。人类进化到今天，绝不仅仅是理性的结果，也是非理性的结果。从有利于人类生存的意义上讲，有些非理性比理性更有利。比如卡尼曼的案例，后来的行为科学家又有了新发现。如果实验人数不是600，而是60，那么多数人的决策并不会受到表述不同的影响，其原因就在于原始人的社交范围往往是100人以内。在这个数字范围之内，人类大脑可以正确地处理信息，不会受到表述方式变化的影响。也就是说，人类的认知能力是由进化决定的，非理性其实很多时候是进化的结果。

有一种权威观点指出，结合人的进化本能，人并不是理性人，而是理性动物，有理性的一面，也有动物性的本能。经济人与理性动物的概念，并非对立，是左手和右手的关系。换一种进化的眼光，便可以多一种视角更好地解释人类的思维与行为的关系。

经济人概念来自《国富论》。我个人很喜欢这个概念，专栏和公众号都叫"徐瑾经济人"。我认可一种说法，即人们经常忽视亚当·斯密的《道德情操论》与《国富论》的关联 。《道德情操论》也是斯密很重要的著作，谈了不少同情心等感性因素，这其实就是经济人的另一面。今天回到经济思想，可以看出理性人定义原本可能是很丰满的。行为经济学的兴起，也可以看成是对更全面的经济人概念的回归。

2016年，在一个沙龙上，我和朋友聊起行为经济学。朋友认为，行为经济学很有希望获得诺贝尔奖，而且如果得奖，非塞勒莫属。一年后，塞勒果然得奖。这可见塞勒的学术地位。消息宣布那天，我刚离开芝加哥大学，非常遗憾，没有赶上他的获奖致辞。据说，塞勒的演讲风趣幽默，说自己会尽量不理性地花光这笔奖金。

画　　重　　点

　　有一种权威观点指出，结合人的进化本能，人并不是理性人，而是理性动物，有理性的一面，也有动物性的本能。经济人与理性动物的概念，并非对立，是左手和右手的关系。换一种进化的眼光，便可以多一种视角更好地解释人类的思维与行为的关系。

法玛vs席勒：

当有效市场假说遭遇行为金融学

我有不少经济学家朋友都有一个苦恼：一旦亮明身份，就会被人追着要求预测房价或者股市，近几年还被要求预测比特币的走势。其实，懂经济学并不一定懂股市和房市。不过，经济学的确对市场有些深刻的认识。这一讲，我们就透过经济学来聊聊金融市场是不是有效的。

我们学过亚当·斯密的理论，也学过哈耶克的理论，在古典主义经济学定义下的市场，表面上人来人往，追逐自利，也有危机和周期，但最终这个市场是有效的，会自我修正。我们刚学了行为经济学，你可能有了新的认识，认为有无有效结论是不一定的。如果你是个有经验的投资者，无论你炒房、炒股还是炒币，面对金融市场的问题，看法就更不同了。

这个问题确实很复杂，学术界争论了几十年，甚至诺贝尔奖委员会也无法定夺。2013年的诺贝尔经济学奖，就同时颁给两位观点完全不同的经济学家。他们就是今天我们介绍的尤金·法玛（Eugene Fama，1939年2月14日—）和罗伯特·席勒（Robert Shiller，1946年3月29日—）。哪一派更正确呢？先来听听各自看法。

有效市场假说

法玛是意大利裔移民，1939年出生于波士顿。他现在在芝加哥大学任职。很有意思的是，他和上一课提到的塞勒是同事，办公室就差一层楼，但他们在经济学上的观点却完全相反。他最主要的贡献就是"有效市场假说"。他在20世纪60年代就提出这个理论，流传也非常广。因此学术圈对他得诺贝尔奖，早有共识。

简单来说，有效市场假说认为，资产的市场价格反映了该资产的所有可能信息，可以说，代表了理性的市场参与者的均衡选择。这个假说包含两层含义。

首先，一只股票的价格全面完整地反映了它的历史信息，所以技术分析之类无法获得超额利润。

其次，也是更重要的，股票价格不仅反映了历史信息，还反映了未来信息，也就是体现了所有公开公司的前景。所谓基本面分析也无法获得超额利润。

那怎么解释各种利好消息呢？按照有效市场假说，如果真有某种利好，那些提前知道的人就已经在股市中大笔买入，股价早就飙升了，也体现了利好。这样，价格与利好消息间的空当，以前即使存在，现在早就没了。而且，因为大家都想多赚超额利润。所以，很自然会有很多人有动力去挖掘未被注意到的信息。最后信息与反映这些信息的股价差距会很快消失，而且会越来越快。

事后看，市场几乎总是有效的，股价总能反映已经发生的所有信息与猜测，未来波动只取决于还未预料到的新信息。

这无疑具有很强大的解释能力，在实践中确实如此。所谓小道消息总是不够快，任凭多聪明，收集多少信息，动用了多强大的电脑，能够持续战胜市场的人少之又少。这理论还很有学术生产力，在它基础上，学术界创造了期权定价模型、市场有效前沿理论、最优组合模型等一系列理论。

市场有效性也符合主流经济学家的偏好。市场是经济学首要研究对象。市场的有效性几乎成为信仰。法玛并不是一个人，他的理论是在主流经济学家巴舍利耶、萨缪尔森等人的基础上完成的。

有效市场假说遭遇行为金融学

不过，有人的地方就有竞争。金融市场的特点是市场程度最高，数据最丰富，因此对市场有效性的争论也最激烈。最主要的反对方来自以罗伯特·席勒为代表的行为金融学。

有效市场假说遭遇行为金融学，有点类似主流遭遇异端。前者前提是理性人，后者则强调人其实没有那么理性。那么行为金融学是怎么看市场的?

首先,人的理性程度不高,因此就算有正确的信息也很难做出正确的反应。

其次,人的注意力有限,所以很难保证在任何时刻都能收集到所有重要信息。

最后,人会受到别人决策的影响,所以人并不能确定自己是完全正确的。假如,你获得一个内幕消息,如果不能完全确定,你就不会不顾一切地行动。

所以,有效市场假说认为,人在获得正确信息后,马上能够买卖足够的量,以至于能让股价迅速反映这一信息,这是不可能做到的。

简单来说,席勒认为人们的选择并非都是理性的,而是会受到非理性因素,比如感情、激情、直觉甚至本能等支配。这些感受就是动物精神。这概念来自凯恩斯,人既然是理性动物,就有动物精神。如果你觉得太过抽象,那么想象一下当亲戚朋友告诉你,他买的房子一年涨30%时你内心翻腾的各种冲动吧。

凯恩斯也是投资大师,难得的是,一生有过几次严重亏损还能成功翻盘。他打过个比方,假设你是一场选美比赛的评委,怎么保证自己选择的美女就是最后获胜的美女呢?挑你觉得好看的?肯定不行,因为其他评委未必觉得好看。所以,正确的做法是,挑选你觉得别人觉得好看的。对,这和股市里的操作一样。你觉得什么股票好不重要,其他人觉得什么股票好才重要。很明显,他对市场的理解,更接近行为金融学。人会受到别人的影响，不能一直正确地认识形势，因此历史上才有了那么多资产泡沫。

两种观点将继续缠斗下去

最伟大的投资者巴菲特曾嘲笑有效市场假说，说相信这一理论的人越多，自己越容易赚钱。确实，按照有效市场假说，完全不存在价值投资的机会。而在信奉有效市场假说者眼里，巴菲特不过是一个幸运儿而已。

巴菲特的搭档芒格则说，有效市场假说大体是正确的，但平均结果仅仅是平均结果，完全信奉有效市场假说的人，是精神错乱。他认为，有效市场假说那么流行，是因为这理论与人的智力有交叉点，有些人可以利用它玩弄数学本领，所以就吸引了富有数学才能的人。

他们说的都有些道理。有效市场假说确实争议不少，有人甚至称它为经济学上"最惊人的错误"，但为什么这个理论，还有那么多拥趸？因为，有效市场假说是对经济世界干净明了的简化，它的前提假设也许不合乎现实，但它的结论却很难被证伪。这道理与一般均衡理论有点类似。

从学术而言，近年来金融学研究日益精细化，尤其在期权定价公式之后，对资产与风险定价的要求也更加精益求精。大多数研究者仍旧延续法玛的路线，也取得很多进展。反过来看，动物精神就没有那么多粉丝，因为它对经济世界的现实假设很难模型化，所以没有多少理论生产力。从经验和常识来看，席勒的洞察显然具有强大的感召力。2008年的金融危机更突然让大家意识到：原来现实中，真有"系统崩溃"的可能性。而这种可能性在有效市场假说中是不存在的。

未来如果席勒路线想要挑战法玛路线，需要在数学化上取得突破。按照现在的趋势，法玛路线胜出的可能性大，但是如果要更多解释描述现实世界波动，它也必须整合席勒的洞见。

总结一下，这一讲我为你介绍了"有效市场假说"和"行为金融学"这两派完全相反的观点。法玛认为市场是有效的，理性是市场的主心骨；席勒的看法正相反，认为市场是无效的，投资者往往是非理性的。为什么诺贝尔经济学奖委员会同时授予他们诺贝尔经济学奖？委员会的解释是这样的，几乎没有什么方法能够准确预测未来几天、几周的市场，所以短周期来看，席勒有道理；但通过研究较长时期内的价格可以对未来数年的价格形成预测，从长周期来看，法玛有道理。

别说诺贝尔奖和稀泥。比起其他市场，金融市场确实更考验人。有位物理学家转行成为金融大师，他说：在物理学中，你是在和上帝玩游戏；在金融界，你是在和上帝的造物玩游戏。物理学模型如果能够计算出行星、粒子的轨道，那就是对的；金融模型不同，通过观察，很难说对不对。可见，这不是因为物理学更精确，而是因为金融市场更"难"，有太多不确定性。

画　重　点

　　"有效市场假说"和"行为金融学"这两派观点完全相反。法玛认为市场是有效的，理性是市场的主心骨；席勒的看法正相反，认为市场是无效的，投资者往往是非理性的。为什么诺贝尔经济学奖委员会同时授予他们诺贝尔经济学奖？委员会的解释是这样的，几乎没有什么方法能够准确预测未来几天、几周的市场，所以短周期来看，席勒有道理；但通过研究较长时期内的价格可以对未来数年的价格形成预测，从长周期来看，法玛有道理。

明斯基时刻：

资本主义为何天然不稳定？

　　这一讲，我们聊聊金融危机。每次金融危机，民众都深受其害，又不知所措，总觉得我们这么惨，应该有人对此负责。所以，大萧条时银行家被打击，一度成为过街老鼠。2008年，民众还是觉得金融危机的爆发都怪华尔街的资本家太贪婪。不过，如果你深入了解金融危机的底层逻辑，就会发现事情可能没那么简单。这和我们今天介绍的经济学家海曼·明斯基（Hyman Philip Minsky，1919年9月23日—1996年10月24日）有关。

　　明斯基出生于1919年，芝加哥大学本科，哈佛大学博士，导师是我们聊过的熊彼特等人。后来，他去华盛顿大学教书。按照这路数，他混主流应该不是大问题。但是他偏偏在研究上选择了凯恩斯主义，而且是比较激进的一路。所以，长期和主流不对付。大家要么觉得他是个怪人，要么早就把他忘记了。

不过，等2008年金融危机爆发，多数人突然想起他来，发现明斯基早就把金融危机的来龙去脉说得清清楚楚。我也是这个时候才了解明斯基的，找到他写的《稳定不稳定的经济》这本书来读，很是惊艳。不过，这时他已经去世12年了。

金融不稳定假说

明斯基最大的贡献就是"金融不稳定假说"。这一理论强调了金融不稳定性是资本主义无可避免的属性，即有资本主义本身就有金融危机。原来学术界不关注这个概念，但现在很热门，为什么？因为他的理论更符合实际情况。他之前的宏观经济学家谈的都是总量、模型、均衡等，但是明斯基不是，他把目光放在资本主义经济不稳定的一面，是他整合了金融和经济，点破了金融危机的根源。

前面说过，战后主流理论原本不太重视货币，从弗里德曼开始有些改观，但仍旧不够深入。货币是怎么和实际经济发生互动的呢？答案是银行。弗里德曼说了货币，但没有仔细考察银行。这里说的银行，是做业务的商业银行，不是监管的中央银行。从经验来看，存钱、取钱、买房贷款等，都需要商业银行。但在多数经济学家看来，商业银行就是个中转站，在经济学上没有太多意义，就如同把货币视为实体经济的面纱一样，所以他们还是低估了商业银行的重要性。

明斯基的特点就在于他看到了商业银行的重要作用。商业银行可以说是市场经济最隐秘的核心，同时也是最脆弱的地方。多数危机都起源于银行危机，是商业银行一次又一次造成了经济的盛衰周期循环。

商业银行与货币和经济

　　商业银行为什么重要？商业银行最主要的功能不是存款，而是贷款。不是因为贷款本身能造福多少企业，带来多少回报，而是通过贷款，商业银行有了一个重要功能：创造货币。

　　过去，我们认为印钞票只是中央银行的事，然而央行只是创造出货币中的一部分，也就是基础货币，而货币中最大部分是商业银行创造出来的。老百姓说的印钱，其实背后是商业银行的贷款。

　　比如，你买房子，贷款了100万元。这笔钱转到了开发商账户上就成为开发商的存款。货币凭空之间就多了100万元，甚至不经过中央银行，也不需要新的存款。要是你把房子抵押再贷款，或者开发商再用这100万元加杠杆买地，就是一个无限放大的循环。印钱，就是这么简单。

　　每个国家的中央银行只有一家，但存款贷款的商业银行却很多。以中国为例，货币主要是工行、建行这样的商业银行制造的，现代经济既然离不开货币，也就让商业银行成为经济与货币的核心。不理解商业银行，就无法理解货币；不理解货币，就无法理解经济。

商业银行通过贷款创造货币，本质是什么？发展经济。现代经济的本质，在于不断追求发展机会。我们学熊彼特，知道这些机会的发现与利用是靠企业家们来实现的。人群中就有这么一种人，他们天生不安分守己，总是能够从寻常世界中看到未被利用的商机。这些人有野心、闯劲、想法，但往往没有钱。怎么办？那就向商业银行贷款。这些企业家或者小企业从商业银行得到贷款，撬动社会资源，来实现自己的想法，等成功了，赚钱了，再还贷款。这个过程中，社会资源的使用权就转移了，从没有想法但有钱的人手里转移到这些有想法但没有钱的人手里。

这样，通过商业银行的贷款，许多本来会被浪费的投资机会就可以得到利用了。有了这个强有力的制度之后，现代经济仿佛装上了强有力引擎的汽车，动力十足地开始增长。

总结来说，商业银行的功能就是通过贷款支持经济发展。货币扩张是贷款的派生物。通过对货币数量的观察，经济学家可以判断经济发展动力是否强劲，这也是大家总在说的基础货币、广义货币、社会融资规模这些名词的原因。

明斯基时刻

商业银行的贷款让企业走上快车道，让资本主义有了强心针。这听起来很好。但是明斯基指出，这种模式本身就有内在不稳定性，甚至正是由于商业银行与实业的互动与纠缠，导致了金融危机。

从贵金属时代到法币时代，印钱变得越来越容易。商业银行容易发放贷款，企业也更容易获得贷款。整个经济资本更丰厚，释放了极大的生产力。可以说，这是古代西方乃至近代中国都没有享受的制度红利。这种模式非常依赖商业银行发挥作用，但是商业银行本身很脆弱。这种核心地位也意味着巨大的脆弱性。当扩张过度或经济不好时，商业银行与金融经济系统就很容易遭遇危机。或者说，商业银行系统的活跃性推动了经济发展，反过来也埋下经济不稳定的导火线。

这就是明斯基的洞察。他认为，以商业银行为代表的机构几乎没有约束地发放贷款。在经济向好时，商业银行间甚至会产生激烈的竞争，向他们眼中的好借款人努力发放贷款。银行追着打电话问企业家要不要贷款。

但实际上，借款人的还款能力受到未来经济条件的限制，一些借款人不一定能够还款，尤其是在经济不好时。这时，市场也有各种小道消息，说某贷款企业要倒闭了。商业银行开始担心收不回贷款，又会纷纷抽回贷款。这时，企业生存就更为艰难了，甚至一些本来有可能生存下去的企业，因为被抽贷不得不倒闭。于是，资产价格下滑进一步恶化了经济颓势，一些商业银行倒闭导致更多的企业被抽贷，形成恶性循环。

这时候，如果资产价值崩溃，就进入了所谓的明斯基时刻，你会观察到经济从繁华转为衰退，多数冒险的投资者开始倒闭，甚至引发金融危机，之后可能陷入漫长的去杠杆阶段。

换言之，商业银行低估风险的乐观情绪，本身就可以推动经济繁荣；而它们的谨慎态度，又可以让经济下滑。它们总是在繁荣的时候过分乐观，在萧条的时候过分谨慎，商业银行态度与经济盛衰之间，就这样构成正反馈循环。我曾经和一位外资银行行长聊过。她就自嘲地说，银行的工作就是晴天送伞雨天收伞，就是情况好时倒贴着给钱，算是锦上添花，情况不好时又做雪上加霜的事。

明斯基指出，资本主义本质上就是一个金融系统。因为有了上面说的正反馈特性，它天然具有不稳定性。这样的系统中，当最核心的结构是商业银行时，信贷的流入流出具有本质上的不稳定性，即商业银行的运行模式决定了金融危机不可避免。在以商业银行为核心的信贷经济中，居民、企业、政府甚至国家都变为了金融机构，因此也不得不受到金融的冲击。

在投资界，一提明斯基，大家都非常佩服，连央行前行长周小川也曾呼吁中国要防止明斯基时刻。我的一位投行朋友评价明斯基，比较欣赏他有一套自己的想法，而且比较了解金融体系。但明斯基面对中国的情况，会怎么评价呢？谁也不知道。当商业银行遭遇危机时，应该怎么办呢？一个关键部门在这个时候，就一定不能袖手旁观，那就是我们不得不讨论的中央银行。中央银行如何做，决定了危机的蔓延程度。

画 重 点

明斯基指出，资本主义本质上就是一个金融系统。因为有了上面说的正反馈特性，它天然具有不稳定性。这样的系统中，当最核心的结构是商业银行时，信贷的流入流出具有本质上的不稳定性，即商业银行的运行模式决定了金融危机不可避免。在以商业银行为核心的信贷经济中，居民、企业、政府甚至国家都变为了金融机构，因此也不得不受到金融的冲击。

从白芝浩到梅林：

中央银行如何拯救危机？

　　无论是大萧条，还是2008年金融危机，好像都是国外的事。中国这几十年，好像从来没有爆发金融危机。是不是因为中国特别？不是。活跃的市场经济很难避免金融危机。历史上，中国几次和金融危机擦肩而过，比如20世纪80年代末的价格闯关，90年代的亚洲金融危机。这些年，中国离金融危机最近的一次就是2013年的"钱荒"。

　　钱荒，就是市场上的钱不够了。2013年6月，商业银行间市场突然资金紧张，甚至大银行都缺钱，隔夜利率最高达到13.44%，平时一般在2%。上证指数也暴跌。那时，我四处组织各种报道，一些工作与经济无关的同事、朋友都在问我："会爆发金融危机吗？"普通人都这样问，可见问题已经很严重了。过了几年，我和朋友们聊起时还是胆战心惊。这次钱荒一不小心就可能演变为更严重的后果。

当商业银行陷入危机时，谁来救，如何救？这就是我们今天要谈的内容。我会给大家介绍两位学者，沃尔特·白芝浩（Walter Bagehot，1826年2月3日—1877年3月24日）和佩里·梅林（Perry G. Mehrling，1959年8月14日—）。白芝浩出生于1826年的英国，梅林出生于1959年的美国。你可能会觉得奇怪，这两人时间差了那么多，为什么我要把他俩放在一起说呢？这是因为当年白芝浩提出了一个原则，也就是白芝浩原则。100多年后，这个理论又被梅林进一步完善。

白芝浩原则

先说白芝浩，他是《经济学人》杂志的总编辑，是19世纪公认的最伟大的财经编辑。今天聊的，就是以他名字命名的白芝浩原则。白芝浩指出，在金融危机时，因为信贷紧缩，市场面临流动性困境，各家商业银行尤其是小型银行都缺乏现金，这时中央银行必须对商业银行放贷。等金融危机过去，商业银行再慢慢地归还中央银行的贷款，只有这样才能避免从一场流动性紧缩发展为普遍的金融危机。

商业银行家们因为贪婪犯下致命错误，难道就没有代价了吗？就算是央行必须救他们，怎么避免有人浑水摸鱼？白芝浩早想到了这些道德风险。中央银行对商业银行放贷有条件，就是利率很高，利率之高要足以吓跑不是急用钱的贷款人，并且让犯错的商业银行受到惩罚。

可见，当市场的流动性受到冲击，也就是钱荒时，中央银行一定要出手干预，作用就是保证信贷不会出现冻结。这个角色，就叫作最后贷款人，也就是银行在危险时刻，可以最后去求救的角色。

白芝浩原则可不是天才的灵机一动，这背后是英国银行危机的总结。正是这些原则促成了现代中央银行的诞生与进化。早在1682年，英国就有了钱荒。经济学家威廉·配第就思考，什么药适合救治货币的缺乏？他自己回答，必须建立一家银行。不过一家普通的银行并不够，需要一家能够作为中央银行的银行才可以，随后英格兰银行诞生了。这是全球中央银行的先驱。

中央银行在流动性紧张时注入流动性，在流动性旺盛时收紧流动性，借此可以深入金融危机的本质，解决问题。哈耶克和凯恩斯吵来吵去，但两人起码有一点共识：现代经济是信贷经济。信贷经济就意味着有波动，而且很频繁。所以，凡是现代国家都注定要和金融危机打交道。我写过一本书《货币王者》，就是谈中央银行和金融危机。考察了几百年历史之后，我发现，金融危机是一种"富贵病"，或者说"现代病"。一个国家，只要建立了现代金融体系，就会出现这类症状。历史上，金融危机先登陆荷兰、英国等国家，然后是美国，随后是拉丁美洲、亚洲等地。

为央行正名

一说央行，就有阴谋论者拿美联储说事儿，说这样中央银行居然是私人机构，其中必然有阴谋。没错，美联储的模板是英格兰银行。历史上的多数时间，它确实是一家私人银行，但如果用私人银行这一属性指责它有问题，那就有点少见多怪了。

为什么这些中央银行会是私人机构？原因很简单，私人银行先诞生。当时的人还不知道需要有央行。当金融市场遇到动荡需要最后贷款人时，在没有央行的情况下，最大的私人银行就不得不承担起责任。于是，英格兰银行这样的私人机构开始承担起央行的责任。因为它规模最大，众望所归，若不出头，就没人出头了，而它发展为正式的央行，是后来的事情。

从历史来看，英格兰银行成为央行，其实是不情不愿的。因为成为央行意味着危机时需要提供流动性，但危机时英格兰银行自身也面临压力，而且出手救助别的银行，就是在帮助竞争对手，但是不帮也不行。银行挤兑最怕的就是传染性。一家银行出问题往往会传染到另一家银行，像多米诺骨牌一样，银行之间彼此是一个网络。对最早出现挤兑症状的银行，如果有一家大银行跳出来给予救助，往往就可以把危机扼杀在萌芽状态。从全局来看，帮助自己的对手，最终其实也是在帮助自己。这个道理，英格兰银行一开始也不明白。在历史上，经历很多次银行挤兑之后，它才逐渐意识到，承担最后贷款人的义务，对自身和市场都有好处。

在那个时代，白芝浩可以说是最睿智的观察家。他研究了英格兰处理几次金融危机的教训，把观察的结果写成了一本叫《伦巴第街》的小册子，其中对货币与银行的论述，在今天仍堪称经典。

白芝浩原则放在今天依然有效。2008年，美联储出面救市正是体现了这一原则。回看2013年，中国央行没有及时出手，可能是经验不够，也可能是舆论压力。2008年，美国救市也招致很多批评，但是央行如果考虑"最后贷款人"的定位，就应该及时出手，这是央行的分内工作。经历过钱荒后，我们发现央行也学习到很多，现在出手救市都比较及时。

梅林完善了白芝浩理论

白芝浩原则一开始被认为是异类，后来逐渐被接受，成为现代央行应对金融危机的标准，到如今已经上百年了。货币体系也发生了很多变化，从金本位制度跨越到信用货币制度。所以，中央银行的原则需要更新，这就需要介绍这一课的第二位主角，梅林。他是哥伦比亚教授，曾经来过上海多次，非常绅士的一位学者。他的贡献就是发展完善了白芝浩理论。

为什么要更新？因为经济体制在改变，金融危机也在进化。历史上的金融危机更多以钱荒形式爆发。现代社会中的金融危机就没有那么简单，可以说是钱荒的升级版。央行必须学习新技术，才能挽救危机。比较典型的，就是2008年的危机，刚开始美联储扮演了白芝浩主张的最后贷款人，通过各种延期贴现贷款，来借出货币。但是这一次，情况有点不一样。随着雷曼兄弟破产，美国国际集团陷入危机，情况非常严重。美国国内外货币市场冻结。这意味着即使提供了流动性，市场还是没有什么交易度。换句话说，就是有了钱，但是没人敢交易。于是，信贷与资本市场还是处于自由落体状态。

这个时候，怎么办？中央银行开始进化，从"最后贷款人"变身"最后交易商"。这意味着，美联储不仅提供贷款，而且主动进行资产交易。比如，大规模地买进金融机构持有的资产，尤其是各类流动性差的资产，例如抵押证券。这一做法，就是量化宽松。此后，美联储进行了两轮量化宽松。这一做法可谓超越常规，目的就是让银行界有效地得到现金支持。随后几年，美联储半永久性地持有这些资产，一方面支持了这些资产的价格，另一方面解决了银行间互不信任的问题。慢慢地，银行业恢复了正常的金融信贷业务。这些创新措施，可以说取得不错的效果。于是，美国经济没有重蹈20世纪大萧条的覆辙。在危机后，取得了良好的复苏。

前面说了，白芝浩有本名著叫《伦巴第街》，梅林则写了一本《新伦巴底街》向他致敬。我的《货币王者》从二位那里学习到不少。我印象最深刻的是梅林说过的一句话——他说，金融危机教训之一，是理想标准离现实太远，还有就是人们居然忘了古老的货币观点，而这些知识曾是常识。这句话很好地揭示了经济思想的历史价值，我认为整理经济思想重点不在于整理观点，关键是看这些思想家面对自己的时代环境时是怎么思考的。这才是对我们的时代最有价值的地方。

画　　重　　点

从"最后贷款人"变身"最后交易商"，中央银行完成了自身的进化。以美联储为例，在2008年的危机中，美联储进行了两轮量化宽松，大规模地买进金融机构持有的资产。随后几年，美联储半永久性地持有这些资产，一方面支持了这些资产的价格，另一方面解决了银行间互不信任的问题。慢慢地，银行业恢复了正常的金融信贷业务。

从格林斯潘到伯南克：

美联储的进化如何影响全球？

上一讲，我们学习了白芝浩与梅林的理论，认识到当金融危机来临，我们需要中央银行作为"最后贷款人"和"最后交易商"来出手挽救陷入危机的银行市场。货币主义大师弗里德曼主张管好货币，而央行就是管理货币的印钞者，但央行何时印、印多少、如何印，学问可大了。下面介绍的可能是最了解中央银行的两个人，即艾伦·格林斯潘（Alan Greenspan，1926年3月6日—）和本·伯南克（Ben Shalom Bernanke，1953年12月13日—）。

他们都担任过美联储主席，都是犹太人，都是各自时代的风云人物。美联储甚至中央银行的迭代进化，相当重要的一部分，就是在他们两人手中完成的。

格林斯潘的功与过

先说格林斯潘。他1926年出生于纽约，父母是中欧移民，很早就离婚了，他由母亲抚养长大，从小就很宅。他继承了父母的音乐天赋，还梦想过成为一名萨克斯管演奏家。幸好，他也喜欢数字，很早就涉足金融界。否则，这个世界上恐怕就多了个二流音乐人，少了个天才央行管理者。

他年轻的时候就成立了自己的咨询公司，赢得了财务自由。按照这样发展下去，格林斯潘可能就是一个华尔街有钱人而已。他的人生转机，是因为一个女人，即哲学家安·兰德。她比格林斯潘大17岁，21岁时从俄罗斯来到美国。她的哲学，强调理性的利己主义，在经济上，主张自由放任的资本主义。她的思想影响了几代美国人。她的著作至今还是畅销书。在中国，也有很多安·兰德的粉丝。

安·兰德对格林斯潘来说，类似精神上的母亲。格林斯潘努力打入了安·兰德的小圈子。他常常说，遇到安·兰德后，自己才变得聪明起来，才进入经济学模型之外的天地。与安·兰德交流，对他是"心灵约会"。更重要的是，他的经济理念从此奠定，那就是彻底的自由至上主义。在安·兰德的影响下，他甚至大力鼓吹金本位。他们这批人，传统上往往是最反对美联储的。

这样一个人，和美联储的距离本应该是最遥远的，但一切随着里根总统的上台而改变。里根本来就信奉自由资本市场。于是，格林斯潘这个局外人意外地成为美联储主席，但在最开始他并不被看好。

偏偏1987年爆发了"黑色星期一事件"。美国股市暴跌，甚至有人因绝望而自杀。格林斯潘就在这种局面中上台了。他很快证明了自己的能力，及时采取宽松政策之后，股市的下跌迅速结束。

随后20年内，格林斯潘造就了自己神话。在经济界，他几乎是神一般的存在，被称为"经济沙皇""美元总统"，以至于曾经流行一句话，不在乎谁当美国总统，只要格林斯潘继续当美联储主席。

外界的敬畏，不仅是因为格林斯潘的经济权力，更在于他对经济趋势的判断。在他的任期内，美联储的地位得到极大提高。央行的货币政策也开始形成一门艺术。在他2006年离任时，个人的声望达到顶峰。在他任期内，美国经济一片向好，除了两次轻微衰退之外，经济出现了二战之后最长时间的增长。房地产以及华尔街都欣欣向荣，人人都赚到钱买上房，大家都心满意足，好像没有输家。

于是，格林斯潘被认为是最成功的美联储主席。货币主义大师弗里德曼也认为格林斯潘的成就证明了货币政策可以维持价格稳定。不少经济学家开始相信，从资本主义诞生开始就折磨人的经济危机以后再也不会发生了。格林斯潘于2006年及时退休，名利双收。

可惜，经济学告诉我们，天下没有免费的午餐。格林斯潘退休之后不久，2008年全球金融危机就爆发了。他的声誉直线下降，他多年的宽松政策，也遭到激烈批判。"格林斯潘错了吗"，"格林斯潘的阴谋"，诸如此类惊悚的标题成为媒体头条。经济学家克鲁格曼评价格林斯潘，认为他是全球最差的央行行长。

回头来看，格林斯潘任期的繁荣，可以说是美国经济的美好旧时光。这一阶段增长高，通胀低，所有人都得到好处，让大家幻想繁荣可以永久持续。同时，这也是市场机构与监管机构的蜜月期。那个时候多数人认同格林斯潘的看法，认为对金融机构自由放任，可以促进市场繁荣，金融机构自身则会做好自我约束。

但2008年的金融危机揭示出更加冷酷的现实，公众发现，银行家们不仅是贪婪的，还是莽撞的。格林斯潘的批评者认为，他需要对金融危机负责，他相信的自由企业与自由市场并没有经受住考验。对格林斯潘而言，金融危机也是一次理念的冲击。出席听证会时，他低头承认，金融危机大于自己的想象。过去，他相信自由可以保护股东利益，如今，他承认自身理念与自由市场体系都存在"缺陷"。

对任期内的表现，格林斯潘自我评价是三七开，他认为自己有三成的判断失误。事实上，格林斯潘的成功与失败，并不在于他个人，他认为，危机的关键在于债务杠杆。但收紧货币，能不能预防泡沫？他认为其实很难，有些东西深深地根植于人性的疯狂，央行政策并不是万能的。他给出的解决方法就是提高金融机构的资本金，也就是给金融机构的高负债施加更严格的约束。他的回答也令人思考央行面对的变化与挑战。

足够强大的继任者

　　格林斯潘身后的麻烦足够大。幸好，继任者足够强。伯南克出生在美国南方，家境普通，但从小就智力出众，从哈佛读到麻省理工。2006年，他成为美联储的掌门人。最开始，大家有点怀疑。不是伯南克不优秀，实在是当时格林斯潘影响力太大。

　　幸好，和格林斯潘一样，伯南克很快遇到考验，也很快证明了自己。面对如同海啸般的金融危机。他表现得永远沉着冷静，不动声色地采取了一系列全新措施，这些措施从来没有别的央行家尝试过，最终成功地应对了危机。这时候，大家才记起来，他以研究大萧条而成名。可以说，他的任命者也就是时任总统小布什提前为危机挑选了一个最合适的处理者。

　　他是怎么做的呢？普遍的看法是，中央银行就是印钞者，天职就是在金融危机中为岌岌可危的银行提供必需的流动性，避免它们连锁倒闭。但2008年金融危机实际的考验要大得多，它发生的时候，美国经济与金融的复杂程度远远超过了1929年的危机时刻，金融产品与金融操作极为复杂，一旦出事，影响就呈现指数级的恶化，如同山崩海裂。这个时候，传统的措施，例如，降低政策利率、为银行提供更宽松的贴现条件等已经不够了。而伯南克做得更多更深入，他指挥美联储大胆地转变为"最后交易商"，直接入市，大规模买入银行持有的资产，不管它们是否具有流动性，例如各类抵押贷款包。这样就有效地支撑了资本市场价值，解决了银行彼此担心对方倒闭的风险，最终让金融市场重新运转起来。事后来看，伯南克在那个致命的夏天，做得真是太到位了。

弗里德曼讥笑这类操作是"直升机撒钱"，本·伯南克的外号一度变成"直升机本"。对此，伯南克觉得自己有勇气做了正确的事。他反问，经济学不被用于改善人们的生活，那又有什么用呢？

可以说，他对最近10年美国经济的影响，作用不亚于昔日的格林斯潘。不过，两人时代不同，个性不同，评价也不同。

伯南克和格林斯潘是两种人。伯南克是典型学者背景，格林斯潘是半路出家。格林斯潘观察经济，是先看树木后看森林，而伯南克与他正好相反。这两个人可以说塑造了当代央行。格林斯潘时代，央行赢得了无与伦比的权威。格林斯潘的做法就是保持神秘感。他在任何时候，说话都很暧昧。他的名言是，如果你觉得你理解了我的意思，那么你肯定理解错了。其实，就是故意让人听不懂而已，目的是故意让人们去猜，最好做出各种相反的解读。

伯南克则不一样。为了挽救金融危机，他极为重视与市场进行透明沟通。他认为，今天央行要主动透明。央行神秘兮兮的日子，都是老皇历了。现在，美联储不仅是世界上最透明的央行之一，也是华盛顿最透明的机构之一。

　　有句老话，政府是靠不住的。对印钞者，自然不能完全相信，但是也不可不信。尤其需要相信专业的力量。我们聊过制度与经济、政府与发展、宏观经济、资本市场，了解这些，最终是为了了解下一模块——中国模块。在下一课中，我们聊聊与中国改革有关的一位经济学家，他就是杰弗里·萨克斯。

画　　重　·点

伯南克和格林斯潘是两种人。伯南克是典型学者背景，格林斯潘是半路出家。格林斯潘观察经济，是先看树木后看森林，而伯南克与他正好相反。这两个人可以说塑造了当代央行。格林斯潘时代，央行赢得了无与伦比的权威。格林斯潘的做法就是保持神秘感。伯南克则不一样。为了挽救金融危机，他极为重视与市场进行透明沟通。他认为，今天央行要主动透明。现在，美联储不仅是世界上最透明的央行之一，也是华盛顿最透明的机构之一。

经济学视野中的中国

徐瑾经济学思维课

萨克斯：

休克疗法下中俄转型为何如此不同？

从这一课开始，我们进入中国模块。是不是要开这个模块，我曾经有点犹豫。我相信经济思想不应该有东西方之分，但是，国际思想该如何与中国的实践结合，的确有很多争论。因此，我们这一模块的主题就是了解经济学家们是如何用经济学理解中国过去，探寻中国未来的。

中国改革是从20世纪70年代末期开始的。如今市场经济或许已经像阳光、空气和水一样自然，但是在短短三四十年之前，却完全不是这样。苏联这个国家听起来很遥远，但其实直到1991年才解体。对比中国和俄罗斯的转型，现在中国已经成为世界第二大经济体，而昔日的老大哥却陷入各种问题，比如经济衰退与寡头经济等，目前，俄罗斯全国GDP总量仅仅和中国广东一省相近。

　　都是从计划经济起步，为何结果如此不同？一种流传很广的说法是，中国走对了，采取渐进式改革的道路，也就是摸着石头过河；而苏联走了激进改革的路线，所以效果不好，真是如此吗？这其实有点把其中的道理给简单化了。

　　我要向你介绍的经济学家就与此有关。他就是美国经济学家杰弗里·萨克斯（Jeffrey David Sachs，1954年11月5日—）。他1954年生于美国底特律，一路在美国哈佛大学读到博士。1980年，以助理教授身份加入哈佛大学，3年内就成为正教授。当时，他还不到30岁。这个成绩对一般人来说，很了不起，对他来说却不算什么，他的志向是能对世界产生影响。20世纪80年代与90年代，他更多被称为"休克疗法"之父。正是他针对俄罗斯提出了激进的休克疗法。

休克式疗法

　　所谓休克疗法，取自医学术语，意思是，当一个国家出现通货膨胀、政治不稳定、物资匮乏等症状，即经济状况已经在崩溃边缘。这个时候，经济学家类似急症室的医生，要对经济进行彻底的急救。

　　有人认为，俄罗斯错就错在千不该万不该，不该选择休克疗法。其实，与其说俄罗斯选择了休克疗法，不如说休克疗法选择了俄罗斯。如果多了解一些历史，你就会发现，20世纪80年代，苏联也尝试过渐进改革道路，发现此路不通，之后的休克疗法是没有选择的选择。

苏联的命运转折，发生在80年代。直到1980年，著名经济学家萨缪尔森还在他的经典教科书《经济学》中预测，苏联的国民收入可能在2002年超过美国。此前，他的预测点是1984年。我们不能简单地说萨缪尔森错了，他的预测都是根据苏联过去一直追赶美国的态势做出的。

萨缪尔森话音未落，苏联经济开始走下坡路了。1980年到1985年，增长率大概在2%。当时，苏联最后一任总书记戈尔巴乔夫曾经想在计划经济框架之内进行改革，实行渐进式改革提振经济，这就是"计划的市场经济"。结果情况不尽如人意。他本人也随着苏联解体而下台。1991年8月，后来的俄罗斯总统叶利钦掌权了。他上台的一个理由，就是批评过去的渐进路线。当时经济非常惨淡，不仅固定投资下降，通货膨胀高，经济还在1991年下降了13%。这样一片灰心失望中，民众也渴望实行更彻底的改革。

这种情况下，自由化成为休克疗法的主要基调，具体措施包括解除价格管制、国有企业私有化、国际贸易和投资自由化等政策措施。可以说，本意是好的，也就是大家先苦后甜，通过一段时间痛苦的改革，换来日后相对安定繁荣的经济。这些政策看起来方向没有错，那为什么效果不好呢？

休克疗法这一词语来自萨克斯，而俄罗斯并不是他的第一个"病人"。在为俄罗斯开出药方之前，玻利维亚、波兰等国家都进行了休克疗法的尝试，取得不错的成绩。为什么偏偏在俄罗斯的实验会失败？最大问题是之前苏联的改革动作太小，来得太晚，而起效又太慢。于是，苏联在各种折腾之下，把自己推向经济崩溃的边缘，这才不得已选择了休克疗法，而且之后的执行也有问题，这些私有化政策，表面上很主流，但是实际上当时叶利钦团队并没有真正听从萨克斯的意见。

当然，原因可能更加复杂一些。当时的国际社会，冷战后遗症很明显。美国拒绝给予帮助，这对俄罗斯是一个重大打击。1989年9月，萨克斯为波兰的货币稳定问题，向美国政府申请10亿美元援助。当天晚上白宫就批准了这笔钱。从申请到批准来回一共8个小时。可以说，波兰获得了慷慨援助与债务减免。对比之下，俄罗斯面临着美国和欧洲的全额催债。于是，俄罗斯经济崩溃，叶利钦政府下台，萨克斯辞职。之后的故事，就是普京政府上台。

中国走上的另一条道路

我们再看中国的情况，为什么中国会选择渐进改革？和苏联只有激进这个选项一样，当时的中国，也只有渐进改革这个选项。20世纪80年代之后，基本就没有激进改革这个选项。大政方针一直是希望局部改革带动整体改革。这里，不得不强调苏联和中国改革起点从一开始就不同。

首先，在计划经济的道路上，中国可以说是苏联的学生。苏联计划经济的水平远高于中国，对数十万种产品进行计划生产，绝大多数经济生活都纳入计划之中。而中国的计划经济体系从来没有建设到苏联那个水平。经济学家杨小凯指出，毛泽东时代体制，本质上不同于苏联式经济体制，甚至存在制度竞争。1956年，毛泽东在《论十大关系》的讲话中，就提出中央和地方的关系是中央集权和地方分权的关系。

这是中国和苏联很大一个差别。最典型的指标就是体制内人口，也就是铁饭碗的比例。杨小凯指出，80年代，99%的苏联劳动力是捧着铁饭碗生活的，而中国并非如此。改革初期，国有部门员工只占大约20%人口，农业则雇用了71%的劳动力。从制度特点而言，中国更分权，苏联更集权。这造就了日后地方竞争的起点，使得中国经济更有活力。

也正是这个原因，当需要改变的时候，苏联计划经济生产受到的冲击十分严重，付出的代价比中国大得多。而中国原本就存在很多计划经济覆盖之外的经济活动，反而更容易得到发展。这就是经济学所谓的路径依赖。这意味着一旦做了某种选择之后，无论好坏，都有惯性，从而使这个选择不断自我强化。无论人还是制度都是如此。

其次，中国具有渐进改革的土壤。从60年代到70年代，中国经济运行陷入紊乱，但在某种意义上也打断了中国在计划经济道路的路径依赖。后果之一是人民的生活水平降低到最低水平，这意味着对社会而言，任何改变都只会带来福利的增加。因此中国改革的道路也符合经济学上的"帕累托改进"理论，也就是说，资源重新配置至少要使得某个人的效用水平有所提高，同时任何人的效用不恶化，也就是人人都受益的改革。

最后，不要忘记俄罗斯还是比中国人均收入高，中国经济规模更多在于人口优势。中国经济面貌改善之大，更多基于比起苏联更低的人均GDP，也就是过去的落后。从1989年算起，当时俄罗斯人均收入按照2010年美元价值计算大概是9867美元，同期中国仅为713美元；到2017年，俄罗斯人均收入上升到11 741美元，而中国则增长到7 329美元。

总结一下，中国和苏联转型对比，并不是简单的激进和渐进的区分，更多在于时代路径的不同。很多时候，大家的结局，从一开始就注定了。

现在，萨克斯还是很活跃，他的最新身份是著名全球发展问题专家。他一边在哥伦比亚大学当教授，一边活跃在全球各地，为消除贫困而战斗。经济学家张欣是萨克斯论文的合作者。他说，萨克斯很多年来呼吁美国和富国帮助穷国，为人非常好，而且可能有些理想主义。他对中国解决贫困的事业评价很高，所以中国对他的评价也不错。萨克斯给人的感觉就是一个能量超群的好心人，他和杨小凯也是朋友。他曾经说，杨小凯是经济学家中最有创造力的思索者之一。

画 重 点

你可能好奇，为什么中国会选择渐进改革？

我们要理解，这是中国和苏联很大一个差别。最典型的指标就是体制内人口，改革初期，中国国有部门员工只占大约20%人口；从制度特点而言，中国更分权，使得中国经济更有活力。

其次，中国具有渐进改革的土壤。从60年代到70年代，中国经济运行在某种意义上也打断了中国在计划经济道路的路径依赖。因此中国改革的道路也符合经济学上"帕累托改进"理论，也就是说，资源重新配置至少要使得某个人的效用水平有所提高，同时任何人的效用不恶化，也就是人人都受益的改革。

杨小凯：

大国发展如何克服后发劣势？

中国经济以后向何处去？即使是最好的经济学家，对此可能也没有共识，比如今天介绍的两位，林毅夫与杨小凯（原名杨曦光，1948年10月6日—2004年7月7日）。

林毅夫1952年出生于台湾宜兰。20世纪70年代末，他从金门来到大陆，后来留学芝加哥大学。他曾经任职于北京大学，是中国经济研究中心的创始人之一，可以说是现代经济学教育的领军人物。他曾经担任世界银行高级副行长、首席经济学家。我听过林老师的课，和他也有过多次合作。他给人的印象是儒雅，有风度。有时会让人想到古代儒生，有齐家治国的志向。他也有刚毅的一面，尤其在观念问题上。

杨小凯的人生，就更传奇了。杨小凯于1948年出生，算湖南高干弟子。1968年，因写了《中国向何处去》的文章而入狱。在监狱中，他自学外语与数学。80年代，他出国留学，去美国普林斯顿大学念博士，毕业后任教于澳大利亚，2004年去世。我和多数朋友聊起他，大家对他都充满了敬佩。我觉得，在中国经济学人甚至知识分子心中，杨小凯已经成为一个符号。个中情感，十分复杂。有对他曲折命运的同情，也有对他坚持学术的欣赏，更有对他追求自由的佩服。

林毅夫的学术贡献是新结构经济学，杨小凯是超边际分析，这些主要是学术圈内感兴趣的内容。我们主要聊聊他们的一场争论。这场争论的理论原创性也许不是很强，却是最近20年中国经济思想上最为重要的争论之一，即后发优势与后发劣势的争论。

后发劣势理论

2001年，杨小凯回国，在天则经济研究所讲学。他提出了后发劣势这一观点。后发劣势这一思想，来自经济学家沃森，英文直译就是"对后来者的诅咒"。

这一诅咒说的是什么？一个落后国家，由于发展比较迟，很多东西需要模仿发达国家。模仿有两种形式，一种是模仿制度，另一种是模仿技术和工业化模式。模仿制度比较难，模仿技术相对简单。于是，一般的后发国家往往会选择模仿技术。这样做有好处，很多后发国家都走了这样一条路，也就是保留基础制度，通过技术模仿，实现快速发展。

问题在于，发展就像摘桃子，一棵树长满了桃子，越在上面的桃子越好，靠近地面也有桃子，伸手就能够到。但是，你也养成了一个习惯，只在低处摘桃子，不愿意再爬到高处摘桃子。随着你手上的桃子越多，你可能越不愿意爬树。这样的结果，很可能就是永远摘不到高处最好的桃子。这就相当于一般的后发国家都爱模仿技术，也可以迎来一段时间的快速发展。到了想模仿制度的时候，之前技术模仿阶段的丰厚成果早已养大了各类利益集团，让原来的制度变得牢不可破，结果落后的制度难以变革，甚至原来手上的桃子也没了。

这种情况出现过吗？杨小凯举了清朝洋务运动和日本明治维新作为例子。清政府在鸦片战争中输了，认真想富强，兴起了洋务运动，目的是师夷长技以制夷，讲求的是"中学为体，西学为用"。不仅如此，办企业也是走国家主义的路子，坚持国有，觉得学习外国人的技术就好了，制度还是老祖宗的最好。结果是什么？政府既当裁判又当运动员，是法律制定者还是法官，最后国家机会主义制度化。真正的私人企业做不起来，不像国有企业那样呼风唤雨。到最后清朝想进行体制改革时，民众早已失去了信心，清朝也灭亡了。

日本则走了完全不同的道路。日本政府从一开始就抱着当个好学生的态度，希望全面模仿西方的资本主义制度。早期，日本人民完全不知道什么是企业，于是日本政府出面办了少数模范工厂，主要目的是起示范作用，让大家明白企业是这个样子的。很快，民间就有了模仿者。这个时候，日本政府很快就卖掉国有企业。制度方面，日本也学习西方，搞政党自由和议会政治，20

世纪初，迈入现代国家行列。杨小凯主要谈的是明治维新这段时间，日本的制度改革还是不够彻底，后面也走过弯路，比如军国主义教训，这是需要反思的。可见，发展的道路，很难有捷径。

通过比较洋务运动和明治维新，杨小凯的结论是什么？他认为，后发国家应该由难而易，在进行较易的技术模仿前，要先完成较难的制度模仿，才能克服后发劣势。要发挥后发优势，一定要先做个学习成功制度的好学生。在考试未及格前，一个坏学生是没有资格讲制度创新的。所以，他认为中国未来道路，很明显应该是制度兴国。

后发优势理论

林毅夫听了杨小凯的观点后，提出针锋相对的观点，那就是后发优势。

后发优势也是经济学中比较成熟的概念，来自老一辈发展经济学家格申克龙。在林毅夫的解释中，后发优势怎么体现？他认为，发展中国家和发达国家收入水平、技术水平、产业结构水平等方面都有差距，但是发展中国家也有优势，例如劳动力便宜、资源丰富等。这个时候怎么办？那就是利用差距，利用优势，引入国外技术加速发展中国家技术变迁，从而使经济发展得更快。林毅夫指出，每个国家都有不同的资源结构，有些国家土壤肥沃，有些国家矿产丰富，有些国家人民教育水平高，等等，这些不同的资源结构，在经济学中称为要素禀赋，不同的要素禀赋下有不同的比较优势，政府可以通过政策诱导，来充分发挥比较优势，后发优势就能够充分体现。

所以，他认为发展的关键在于比较优势。杨小凯列举了中日对比案例，林毅夫也列举了案例，即战后"亚洲四小龙"的经济。林毅夫认为，它们并未完成制度改革，但是它们在发展的每一个阶段，都发挥了与自身匹配的比较优势，最终实现了后发优势，缩小了与发达国家的差距。对比之下，那些违背比较优势的国家，发展不顺利，比如，印度、苏联、东欧等国和发达国家的差距不仅没有缩小，有的甚至还扩大了。

中国改革的不同侧面

听起来都有理，究竟谁对谁错？很多学者在这场争论中分别站队。事实上，两个人说了中国改革的不同侧面，对理解当下中国经济非常重要。

这类似一个硬币的两面。可以说，后发优势与后发劣势分别解释了中国奇迹的两面，看起来矛盾，实则互为因果，只看其中一点，可能都是不完全的。没有比较优势，中国经济无法学习海外技术，造就今日的经济繁荣，但是，如果只重视比较优势、引进技术，而回避制度问题，我们很可能也会锁定在既定道路中，难逃后发劣势的陷阱。

杨小凯虽然去世了，但后发优势和后发劣势的争论没有冷却，反而随着中国经济发展形势起伏，不断更新。2014年，在复旦大学举办的杨小凯去世十周年追思会上，我也目睹了林毅夫与张维迎的争论，这其实是林毅夫和杨小凯讨论的延续。

杨小凯和林毅夫思想上的差异与成长有关系。杨小凯当年能出国，是因为受到许多贵人的帮助，其中就有经济学家邹至庄，当年是他推荐杨小凯去普林斯顿的。邹老师原本不知道关于后发优势和后发劣势的争论，是我告诉他的。他对我说，杨小凯很理想主义，中国很多制度不完满，他认为应该改良。杨小凯毕生坎坷，等他生活安定、学术有成后，又不幸过早去世。林毅夫不同，他出生于台湾，到大陆后有机会留学，回国后又到北大教书，甚至出任世行高管。在大陆和台湾，两次看到摆脱贫困的经济奇迹。可以说，他赶上了中国经济改革的快车道。

大家对杨小凯的怀念，绝不仅仅因为他是一个经济学家，更重要的，他还是少有的思想者。他对体制转型、晚清经济、社会关怀等方面的思考很有洞察力。学者张欣和我聊，杨小凯一直在反省中国和制度问题。杨小凯乐于讨论，如果错了，也能接受批评。

我常常想，假设杨小凯仍在世，会怎样评价今日中国？我想，他会惊讶于中国的发展速度，部分承认林毅夫理论的力量，依靠巨大的后发优势，可以实现快速的经济赶超。但他还会坚持制度变革的重要性，尤其是中国经济进入深水区后，很多深层次问题的解决，离不开克服后发劣势，在制度层面做出变革。

画　重　点

后发优势与后发劣势分别解释了中国奇迹的两面，看起来矛盾，实则互为因果，只看其中一点，可能都是不完全的。没有比较优势，中国经济无法学习海外技术，造就今日的经济繁荣，但是，如果只重视比较优势、引进技术，而回避制度问题，我们很可能也会锁定在既定道路中，难逃后发劣势的陷阱。

林毅夫vs张维迎：

如何看待中国的产业政策？

最近10年最大经济学辩论就是产业政策争论。所谓产业政策就是政府制定引导产业发展的政策。辩论的对手，一位是林毅夫，北京大学教授；另一位是张维迎，是林毅夫的老同事。两人当年还一起创办了北大中国经济研究中心。

张维迎出生于1959年，陕西人。20世纪80年代，他曾在国家经济体制改革委员会工作了6年，这个机构简称体改委，周小川、楼继伟、李剑阁、郭树清这些技术官员，都是从那里出道。

当年很多改革试点离不开体改委。我和朋友聊，他们说当时体改委年轻人多，往往可以和最高领导沟通，大家都有很强的使命感。后来，体改委合并撤销了，在体改委工作过的人，有的经商，有的从政，有的做学者。但人的气质，还有点不太一样。20世纪90年代，张维迎去牛津大学读博士，回来去了北大。在大学改革等公共事件中，引发不少关注。

林毅夫有种儒生气质，张维迎在西北多年，是农村子弟，带着西北人的淳朴。他的个性直率且独立，发言往往有种戳穿皇帝新装的直白犀利。有朋友说，两人都是经济学家中的明星，自带流量。所以，他们的产业政策辩论的关注度自然非常高。

2016年，张维迎写了篇文章，叫作《为什么产业政策注定会失败》。他指出，产业政策不是新东西，也注定失败，是穿着马甲的计划经济，而产业政策之所以失败，除了认知方面的原因，还有激励机制方面的问题。

随后，林毅夫则发表了《经济发展有产业政策才能成功》，为产业政策正名。他从新结构经济学角度出发，阐释经济发展需要产业政策才能成功。新结构经济学是林毅夫这些年力推的理论，认为发展中国家要取得快速发展，必须在每个时点找准自己的比较优势。比较优势是这个时点的要素禀赋决定的。他认为，经济发展需要有"有效的市场"和"有为的政府"的共同作用，来发挥比较优势。

有效市场和有为政府

有效市场不用赘述，有为政府就是强调政府要有所作为。林毅夫认为，在技术创新和产业升级过程中，必须有"第一个吃螃蟹的企业家"。如果他失败，将承担所有成本；如果他成功，后来者将会随之涌进，他也拿不到垄断利润。所以，对第一个吃螃蟹的企业家而言，失败成本和成功收益是不对等的。这样，有些至关重要的行业可能就无法发展起来。怎么鼓励呢？他认为，发达国家激励主要靠专利制度，发展中国家就需要加上其他的激励。

产业政策不仅是经济学争论，而且关系到如何定位中国经济，所以不但涉及学术，也与现实紧密相关。

林毅夫这些年一直在努力推广新结构经济学，产业政策是其中重要的一环。新结构经济学的产业政策是怎样的呢？它的主要理论是产业甄别与因势利导，就是把潜在比较优势的产业变成竞争优势产业，帮助失掉比较优势的产业转型、转产或退出。张维迎这些年逐渐走向了奥地利经济学派，所以他的观点基本是只有市场的才是最好的。

对产业政策定义不同，可以说是两人的主要分别。张维迎的定义，是指政府出于经济发展目的，对私人生产领域进行的选择性干预和歧视性对待。林毅夫则相对宽泛，认为产业政策是中央或地方政府为促进某种产业发展，有意识地采取的政策措施。

我查了下，20世纪70年代之前，英语还没有产业政策这个词。最早的产业政策实践来自五六十年代的日本，日本主管商业的通产省，开始采用这个词，可以说，日本是产业政策集大成者。有人认为，日本二战后的经济奇迹就在于日本通产省官僚英明的产业政策。我有个日本朋友，在通产省工作多年。他对我说，产业政策合理使用，需要有场景，要么是资金缺乏，要么是产业很幼稚。

　　自然，经济学家对通产省奇迹有不同看法。我和经济人读书会的邢予青教授聊。他就认为，日本并不是产业政策的好学生。日本最有竞争力的产业，例如汽车行业和电子制造业，是接受日本政策投资银行资助最少的产业。反过来，最为落后的产业，例如矿业、石油和煤炭行业，才是接受日本政策贷款最多的行业。他甚至指出，日本汽车业的辉煌是厂家抵抗住通产省规划的结果。

近距离看产业政策

　　从国际经验看，成功和失败的产业政策案例并存，甚至相同的政策，可能在亚洲可以，在非洲就不行，或者反之。评价经济政策还有个问题，那就是需要长时段的考察。有的产业政策，也许刚开始成功，随后则暴露短板。

　　比如光伏行业。2005年，无锡尚德在美国上市。创始人的富豪效应吸引了不少人的目光，而且光伏行业带有环保与回报高等光环，所以不少地方政府出于对新兴行业的战略考虑，开始大力推进光伏企业，不惜给出各种补贴和支持。从青海到东北再到江西，各地都有光伏城。有学者统计，仅浙江就有超过200家光伏产品企业。2011年，中国光伏组件总产能超过全球装机量1.5倍，一时间，中国光伏行业有问鼎世界的趋势。但是好景不长，随着全球金融危机，与光伏行业有关的多晶硅价格一路跳水，光伏行业产能大量过剩，库存消化不掉。2012年，海外上市的光伏行业全部亏损。

一个很有前途的行业，为什么会出现这样的结果？首先，中国光伏崛起，更多因为成本优势，甚至是建立在电费等各种补贴之上。这些补贴并没有真正给出示范效应，甚至给予错误的激励信号，导致行业内大上快上，行业外蜂拥而至，无形中造成灾难性的过剩情况。这个案例，往往被视作产业政策失败的案例。随着时间推移，光伏行业也在变化。到2018年，一些确有优势的企业，慢慢重新占领了变化后的世界市场。

那反过来说，产业政策有没有成功的例子呢？有一种观点认为，中国的高铁就说明有为政府在其中功不可没。在中国推进高铁行业的过程中，以铁道部为核心，推出了一系列强有力的措施，扭转了国内公司自相残杀的局面，形成一个谈判主体，主持了国外技术转让给中国的谈判，搭配各类行业规范与巨大投资，就这样，中国的高铁行业从无到有快速发展起来。目前拥有的高铁里程，比其他国家加起来还多。

产业政策制度化

产业政策的争论和我们上一课谈到的后发劣势和后发优势的争论有什么不同？后发优势、劣势的争论，理论基础来自西方，而产业政策争论，中国人就有很大的理论原创性了。产业政策在国内引发关注，在国际也有变化。比如世界银行和国际货币基金组织的报告，过去基本不怎么提产业政策，现在开始关注。

　　我和林毅夫老师聊。他说，过去学界和国际发展机构只注意到一般产业政策失败，因此反对所有产业政策。林毅夫回忆，那时讨论产业政策成了学界和政界的禁忌，支持产业政策成了异端，顶多只能谈普惠性的政策或竞争政策。他认为，现在国际经济学界和国际发展机构，开始发生转变，越来越多地从成功的国家的产业政策中去总结产业政策成功所应该遵循的准则。

　　对产业政策，哈佛大学教授罗德里克有个看法。他认为，应该创造产业政策的制度化设计指南，即与其讨论政府是否应该出台产业政策，不如讨论政府应该基于怎样的决策机制来出台产业政策。这就涉及改革政府机制的底层问题。只有游戏规则明确了，政府出台良好效果的产业政策的概率才能提高。

　　我们聊过哈耶克和凯恩斯的辩论，应该对历史的筛选功能有信心，对产业政策下结论不必急于一时。张维迎与林毅夫的争论中都提到回到亚当·斯密。曾经，亚当·斯密这样定义政府义务：第一，保护社会；第二，尽可能保护社会上每个人；第三，建设并维持某些公共事业和设施。可见，亚当·斯密强调看不见的手，也强调法治。不论产业政策分歧如何，构建有法治的市场经济，是中国最应该走的道路。

画　　重　　点

　　林毅夫发表了《经济发展有产业政策才能成功》，为产业政策正名。他从新结构经济学角度出发，阐释经济发展需要产业政策才能成功。新结构经济学是林毅夫这些年力推的理论，认为发展中国家要取得快速发展，必须在每个时点找准自己的比较优势。比较优势是这个时点的要素禀赋决定的。他认为，经济发展需要有"有效的市场"和"有为的政府"的共同作用，来发挥比较优势。

蒙代尔：

国际货币体系中大国如何博弈？

　　我们正进入中国模块的尾声。这一课，我想聊的这件事，对中国和世界都很重要，就是国际货币体系。经济学家罗伯特·蒙代尔（Robert Alexander Mundell，1932年10月24日—2021年4月3日）与此有关。蒙代尔于1932年出生在加拿大，1999年获得诺贝尔经济学奖。中国人对他应该不陌生。他来过中国很多次，算是诺贝尔奖获得者中比较习惯中国生活的。

蒙代尔不可能三角

　　蒙代尔获奖，主要原因就是蒙代尔-弗莱明模型。克鲁格曼发挥了善于总结的才华，将这一理论模型简化成一个不可能三角，那就是货币政策独立性、资本自由流动与汇率稳定这三个政策目标，不可能同时达到，最多只能达到两个。

比如，一个国家要想保持货币政策独立与汇率稳定，就必须牺牲资本自由流动。假设一个国家正面临衰退的危机，而此时美联储加息了。显然，这个国家不能跟随加息。这时，这个国家与美国的利差就会扩大，货币必然有贬值压力。这个国家唯一的选择，只能是实施资本管制，来维持汇率稳定，保持不跟随美国加息的独立性。

这可不是假说，是对现实的总结，是亚洲金融危机的血淋淋教训。当年亚洲不少国家吃尽了苦头。有的国家的汇率甚至崩溃了，到现在还没有完全恢复。蒙代尔不可能三角如果使用得当，很有益处。你知道，中国挺过了亚洲金融危机。但具体怎么做的呢？当时美国利率比较高，中国经济状况不好，内部有通货紧缩，显然无法跟随美国加息。这时，中国就出现了很多资金外流，可以说情况很紧急。

怎么办？按照不可能三角，就有两个选项，要么人民币贬值，要么资本管制。贬值对稳定中国和亚洲危机，都没好处，所以中国选择了资本管制，同时还实行了宽松的财政政策。我和社科院余永定老师聊，他认为中国反危机政策很成功，原因就建立在准确理解蒙代尔不可能三角基础上。当时，泰国等国家花光外汇储备不说，汇率还大幅贬值。对比之下，中国就幸运得多。

美元霸权

有意思的是，当前几乎只有一个国家，可以不受制于蒙代尔不可能三角，那就是美国。因此，很多人抱怨美国的美元霸权。美元霸权是什么？简单来说，美元是国际货币，目前国际贸易结算中超过七成使用美元，在各国外汇储备中的占比也差不多。这样，美国可以具备一些额外权力，比如可以实施金融惩罚，例如冻结一些国家在海外的存款。这种权力说公平也公平，说不公平也不公平，看美国如何使用它。

国际货币体系就是围绕国际贸易结算进行的一系列安排。不同国家要做生意，自然有货币交往。用同一种货币可以节约交易成本，省去货币转换汇率波动等麻烦。但每个国家都有自己的货币，国际货币该用哪一个呢？归根到底是依赖国家实力与国际认可。蒙代尔做过一个"太阳系"的比喻，说各国经济实力不平均，所以在国际货币体系中，地位也不同。不同国家的货币，便具有不同的能量，货币能量与该国GDP相关，美元的地位也就不言而喻了。到目前为止，美国经济仍旧是世界第一，占全球GDP份额差不多有24%，比排名第二的中国高50%多。所以今天的美元是主导货币，其他国家的货币是围绕美元的"行星"。

美元的影响，其实超过美国经济在世界中的份额，这又是为什么？经济学上有个概念叫"网络效应"，可以解释这种现象，当你的贸易伙伴使用美元时，你用别的货币就不太方便。结果一旦相当一部分国家选择美元，就会有更多的国家选择美元，这成就了美元霸权。

不过，美元霸权并不是天生的，可以说是靠实力打出来的。在美元之前，英镑曾经是国际货币。所谓国际货币，一个重大前提，需要有全球化的国际贸易，而英国是全球化国际贸易体系的第一个催生者。那时还是金本位制时期，与黄金挂钩最紧密、贸易量最大的正是英镑。最高时期，用英镑结算的国际贸易体量，占全球90%的份额。

国际货币角力背后，首先就是国家实力的比拼。美国经济实力，在一战前开始超越英国。但要注意，美元不是一步取代英镑，而是通过两个历史时期完成的，一个是大萧条，一个是二战。大萧条破除了金本位制，二战建立了以美国为核心的国际贸易体系。到1944年，二战还没有结束的时候，美国就召集全球44个国家的代表，在美国布雷顿森林举行联合国货币金融会议，会议通过了《布雷顿森林协定》。这个协定不仅催生了国际货币基金组织，更关键的是确立了美元挂钩黄金，其他货币挂钩美元的国际货币体系。从此，确立了美元当之无愧的国际货币地位。

美元霸权和蒙代尔不可能三角叠加

美元霸权和蒙代尔不可能三角叠加，结果是什么？国际货币格局和经济都发生了重大改变，一个原因就在于蒙代尔不可能三角改变了国家应对危机时的政策，也改变了国家的日常经济行为。亚洲危机后，没有再爆发较大危机。但中国等国家，经历过金融危机，学习了一些经验教训，此后都在拼命积累外汇，目的是在危机时多个安全垫。这造成亚洲国家过分依赖出口，同时发达国家进口太多，这就造成了所谓的全球失衡。

这有什么问题？一方面，进口太多的国家，虽然买了更便宜的商品，消费者满意了，生产者却不满意了，一部分民众抱怨工作机会被抢走。另一方面，这些出口的国家拿到太多美元，要让资金流动起来，为控制风险，只好买美国国债。

美国通过贸易逆差流出来的美元，在亚洲等国转了一圈，换了一堆商品，又流回了美国。这就是国际货币的力量。这样，美国以"寅吃卯粮"的姿态，大肆消费，与此同时，亚洲国家在拼命生产，以满足美国的消费需求。

然而，"美国人消费，全世界出钱"的游戏，真的能够一直玩下去吗？很难，经济有周期，不可能一直繁荣，等繁荣走到尽头，就会迎来经济的动荡。2008年金融危机就是结果，如今的贸易争端，也是后续。

颠覆霸权的三种可能

霸权自然让人不喜欢，有没有方法可以颠覆它呢？还真有。有三种思路。第一种是设计区域性国际货币。比如，欧洲推出了欧元，蒙代尔被称为欧元之父。不过这种思路也有问题，以欧元为例，欧盟内部整合程度已经很高了，但货币统一，财政不统一，也带来了矛盾。当希腊、意大利这样的国家财政出问题时，它们却不能执行自己需要的货币政策。欧债危机就是这样爆发的。所以，这种思路被证明很难行得通。

第二种，在新兴大国中诞生一种新货币挑战美元，就像当年美元挑战英镑一样。这需要建立在经济实力上。日元过去尝试过，但失败了。人民币有没有机会呢？这需要中国满足两个条件：第一，大量的贸易逆差；第二，投资回报率足够高。这两个条件都不太容易达到。这几年，跨境支付中，人民币的最好排名是第四，和前几名差距还比较大。

这就走向了第三种思路，即复兴布雷顿森林体系的一部分，也称为特别提款权，简称SDR。这是国际货币基金组织发布的储备资产和记账单位，用来结算各个国家的账面资产债务。所以也叫作"纸黄金"。国际货币基金组织大力推广这条思路，中国央行前行长周小川也倡导，在国际上引发不少关注。但是，特别提款权并不是一种货币，而是一种储备资产。所以，它还没有成为真正的国际货币。

美国财政部前部长康纳利曾说过一句话，美元是我们的货币，但是是你们的问题。他当时是说给欧洲人听的，今天看更像是对亚洲人说的。我曾经写过货币史，考察几千年货币史会发现背后的故事说惊心动魄。货币史就是人类文明更迭和大国兴衰的历史。国际货币体系演变背后，是国家实力与市场力量的双向选择。美元作为国际货币，还将持续一段时间。人民币还需努力。在美元衰落的时代，中国能做的事是什么？最现实的道路，是加强国内改革，为人民币的未来谋求更坚实的支撑。

画　重　点

　　美元霸权和蒙代尔不可能三角叠加，结果是什么？国际货币格局和经济都发生了重大改变，一个原因就在于蒙代尔不可能三角改变了国家应对危机时的政策，也改变了国家的日常经济行为。亚洲危机后，没有再爆发较大危机。但中国等国家，经历过金融危机，学习了一些经验教训，此后都在拼命积累外汇，目的是在危机时多个安全垫。这造成亚洲国家过分依赖出口，同时发达国家进口太多，这就造成了所谓的全球失衡。

皮凯蒂:

不平等背后的资本力量

我们来一起聊聊经常被人提及的不平等问题。在国内，常听到焦虑与阶层下滑这些词；在国外，占人口1%的富人也成为热门话题。这背后都与不平等有关。而且，资本领域的不平等更隐蔽，也更重要，这些与经济学家托马斯·皮凯蒂（Thomas Piketty，1971年5月7日—）有关。

说起皮凯蒂，第一印象应该就是那本全球畅销书《21世纪资本论》。这本书2013年出版，连续居亚马逊排行榜第一名，在全球卖出几百万本。我身边很多完全不关心经济的朋友也搞了本砖头一样的英文版，放在床头架上。为了宣传这本书，皮凯蒂2014年还来过中国，其间做了密集的对话和签售活动。那段时间，不少经济学家的口头禅往往是，我刚和皮凯蒂进行了一场对话。我的朋友仇勇策划了这场皮凯蒂中国行，他对我说，皮凯蒂人很亲切，不尖锐，很好交流，不傲慢。

前面谈到的都是经济学大家，年纪往往偏大。皮凯蒂应该是最年轻的一位。从他的背景看，他从小就是学术明星。皮凯蒂1971年出生在法国克利希市，18岁考入法国最著名的大学巴黎高等师范学校，22岁获得博士学位，成为麻省理工学院助理教授。有意思的是，学者崔之元属于国内最早关注皮凯蒂的。他告诉我，皮凯蒂和他同一天去麻省理工学院报到，两人还在院长欢迎晚会上见过。他觉得《21世纪资本论》将促进经济学特别是政治经济学的大发展，正如爱因斯坦的统一场论促进了物理学大发展一样。

一本严肃的经济学著作，内容满是数据，为何还会获得那么多关注？ 因为这本书让不平等这个话题，重新回到大众视野。经济学家克鲁格曼认为，《21世纪资本论》是当年最重要的经济学著作，也可能是这10年最重要的一本书。不平等问题如此敏感，不仅触及经济学神经，更是触动了这个时代的痛点。

金融危机后的不平等

经济学里，认钱不认人是相对公平的做法，但这同时意味着承认市场造成了不平等。这也是自亚当·斯密以来古典经济学的基础之一。在过去，对市场经济造成贫富分化，大家多数情况是愿赌服输。在今天，为什么突然之间，不平等成为热门话题，甚至在全球都变得很难接受呢？ 这与2008年金融危机有关。

过去10年，发达国家最重要的事件就是金融危机。表面上，这几年经济已经复苏，理论上大家应该又回到歌舞升平的日子，但是这次有点不一样，民众始终不满意，认为复苏导致分配出现问题。大部分国民没有感觉到复苏的好处，他们收入增长的速度，没有恢复到危机前。中下阶层的日子没有好转，甚至有所恶化。与此同时，上层就不一样，尤其是财富金字塔顶端的1%人群，他们被认为捞走了经济复苏的最大好处。

可以说，这10年，对不少欧美中产阶层来说，是失去的10年。英国脱欧以及特朗普上台背后，都有公众的愤怒，这种愤怒是什么？是对不平等的愤怒，是对财富分配顶端1%人群的不满。在中国，这10年，是我们成长的10年。中国经济成为世界第二。与此同时，这10年的资产泡沫，让不同的人收入差距拉大。我们见证了财富的增长，也为阶层固化感到担忧。这10年，对中产阶层是喜忧参半的10年。

经济分类：资本与劳动

可见，站在大时代的背景下，出现一个重要线索，那就是西方和中国都在关注不平等。这个话题蕴含很多情感成分，不过，要形成社会思潮，光有情感不够，还需要理论武器。皮凯蒂的研究就送上了合适的理论依据。

所以，皮凯蒂的成功关键，是在合适的时间，提出了合适的问题。他的最大贡献，不是新理论，也不是新模型，而是历史数据，从中他发现了新的趋势。皮凯蒂将经济分成两个基本要素：资本和劳动力。这两个要素，都可以被用于生产，也可以分享产出的收益。资本可以出售，也可以无限累积。劳动力可获得报酬，但不能被别人所拥有。18世纪工业革命到今天，大概300年。通过对这300年财富分配数据进行分析，皮凯蒂发现了什么？资本回报率总是高于经济增长率。投资回报率平均维持在每年4%—5%，而GDP平均每年增长1%—2%。

这意味什么？靠劳动的人和靠资本的人升值空间完全不同。5%的投资回报，意味着每14年财富就能翻番，而2%的经济增长，财富翻番要35年。仅仅100年内，有资本的人，财富增长130多倍；整体经济规模只增长了不到7倍。结果是什么？就算是经济增长，有资本和没有资本的人随着经济增长，都变得更加富有，但是彼此之间的贫富差距将变得非常大。更重要的是，这趋势不会改变。

这一结论可以说结结实实踩在了不平等的痛点上。个人奋斗努力不那么重要了，过去认为公平竞争的资本主义，可以说进入了"拼爹"时代。大众的不平等怒火，本来就熊熊燃烧。皮凯蒂的研究，更是火上浇油。

如何评价皮凯蒂？

怎么评价皮凯蒂的研究？他最主要的贡献是数据，这些数据细节也受到一些质疑。比如，我在《金融时报》的一位同事就挑过错。不过，皮凯蒂认为这些细节不影响结论。

细节确实可以再讨论，但从定义来看，皮凯蒂问题可能更大。他的前提在于，资本回报率大于经济增长速度。因此，皮凯蒂论证说，这必然导致不平等的扩大。

按照皮凯蒂的逻辑，有的现象也许就不能很好地解释。首先，我们知道，人不是资本，不能长生不老。每一次遗产的赠予及分散都有成本，这也降低了财富分配不均。用中国人的老话说，富不过三代。

其次，从我们自己的经验来看，一个资本能有多少回报，其实差别很大。相同的项目，不同的人经手，结果就完全不一样，在实业界或者创投界工作的人对这最清楚了。成功的风险投资，获利可以百倍；失败的投资，可能颗粒无收。现代社会中，每个人都可能拥有少量资本，要么是金钱资本，要么是人力天赋，而利用资本能够获得多少收益，结果可能有天壤之别。

成功取决于创意、人力资本、社会资本与运气。《21世纪资本论》出版后，我就在《金融时报》专栏提出一些意见。经济学家张维迎留言说："皮凯蒂应该去调查下，比尔·盖茨的祖父属于最高收入的百分之几？"显然，盖茨的成功，更多来自个人。

皮凯蒂最大的价值在于使得人们关注到知识经济时代的不平等，但他可能没有找对原因。我一直很关注全球中产阶层滑落的情况，也正在写一本暂命名为"软阶层"的书。我主张，知识社会来临之后，一个人拥有怎样的网络对收入的影响远大于工业经济时代。所谓网络，大致就是你的各种关系。在工业经济时代，拥有一技之长对大部分人更加重要。到了知识经济时代，同等人力资本的人，因为拥有不同的人际网络就会出现巨大差距。

美国从1972年开始进入知识经济时代。这个阶段各类新贵横空出世，比如脸书首席执行官扎克伯格年纪轻轻就拥有天价资产。他们积累财富的速度令人瞠目，不平等程度迅速恶化。现在国内很多网红一场直播能够收入百万。同样的人，在线下可能就是一个普通白领或者售货员。当网红最重要的不是长相和特点，而是能不能发挥自己的网络优势。

皮凯蒂的建议

提出问题只是开始，如何解决才是关键。皮凯蒂的建议有征收15%的资本税，把最高收入人群的所得税提高至80%左右，提高通货膨胀，等等。这些做法很激进，也不具备可操作性。比如征收国际财富税，毕竟富人拥有更多的避税工具，其结果必然是道高一尺魔高一丈的猫鼠游戏。一般中产阶层因为没有多少避税途径，反而更惨。皮凯蒂的政策建议直接导向结果平等。这种情况下，我们应该重新思考机会平等。

经济学家与不平等打交道的日子，几乎和资本主义一样久远。不平等问题取决于平等与自由的边界，而这种边界往往取决于不同阶层的互动。我认为，市场经济仍旧是二者的共通基石。

我希望通过学习，你能够掌握明白的力量，不再迷茫。我们很多焦虑根源都在于不平等的扩大。最后，要避免这样的不平等继续扩大，个体怎么办？你能做的，就是尽量扩展你的个人网络。这样，你的资本才能发挥更大的价值。

画　重　点

皮凯蒂的建议有征收15％的资本税，把最高收入人群的所得税提高至80％左右，提高通货膨胀，等等。这些做法很激进，也不具备可操作性。毕竟富人拥有更多的避税工具，一般中产阶层因为没有多少避税途径，反而更惨。皮凯蒂的政策建议直接导向结果平等。这种情况下，我们应该重新思考机会平等。

后　记

从经济学看现代社会的诞生

经济学并非全然新鲜，对中国而言，古代就用"食货"来表示财政经济，我们也可以从中窥探现代社会的变革。

"食货"二字，最早出自《尚书·洪范》。汉代班固在《汉书》即表示："一曰食，二曰货。食谓农殖嘉谷可食之物，货谓布帛可衣，及金刀龟贝，所以分财布利通有无者也。"

汉代之后，官方著史一般都有"食货志"篇章。按班固的解释，"食"指的是可食用的东西，"货"指的是可用来进行贸易的所有商品，也正因此，"食货"二字基本涵盖了国民经济生活的方方面面。

从"食"到"货"的历史转折背后，正是人类现代文明形成的过程，这股洪流中离不开工业革命与商人、贸易的共同作用，他们把看似互不相关的商品与地区连接在一起，书写了一部类似交响乐的现代世界史。《新食货志》总结说："丝绸连起一个旧世界，香料促使哥伦布发现新大陆，鳕鱼将欧洲人带到北美，毛皮让俄国人征服西伯利亚，白银改写了中国历史，郁金香导致第一场经济危机，鸦片引发中英战争，土豆和玉米带来人口爆炸，香烟和咖啡颠覆传统文化，棉花和煤炭催生工业革命，橡胶和石油塑造了我们身处的现代社会……"

现代化是偶然还是必然

在现代世界形成的过程中，商品是主要的媒介和催化剂，或者说贸易打造了一个全球时代。

贸易自然一直都有，全球化也并不仅仅是近代以来才有，它甚至早于地理大发现，就像耶鲁大学学者纳扬·昌达所写的《绑在一起》的副标题所揭示的那样，全球化是商人、传教士、冒险家、武夫共同促成的。

如果说全球化并不是地理大发现之后才有，贸易也几乎和人类一样古老，我们不禁要追问一个终极问题：现代化从何而来？

这一追问中，我们应该首先确认，现代化是人类社会必然结果还是偶然结果？是每一种文明都会自发诞生的结果还是外来刺激催生的结果？

关于现代化起源，一直有各种争论，基本可以分为两派：一派认为各种文化或者东西方最终都会现代化，只是先后不同，极端如加州学派彭慕兰等人认为中国只是明清之后才落后于西方；

另一派则认为，现代化起源于西方，然后传播到全世界。

第一种说法比较相对主义，情感上国人也较能接受。我们这里来解释一下第二种说法。所谓现代化，并不是顺理成章的，更多是历史的偶然。就算作为现代化表象之一的经济发展，也不是理所应当的事。经济学家诺思研究指出，在大型社会出现约1万年内，大多数时候人类社会长期增长率近乎零，发达世界肯定不是常态，缓慢或不发展的世界才是常态。

更深地看，所谓西方特殊论，其实就是英格兰特殊论。我们今天看到的不同国家，很多是大英帝国的遗留。这并不是为西方中心论辩护，而是基于历史的一些判断。

不同的追问姿态，会导致不同的答案。我们的问题往往隐含我们的期待。如果答案与我们的期待不一致，是否可以接受，哪怕情感上备受伤害？

最典型的是对待欧洲兴起的态度。

中国传统叙事解释欧洲兴起，总是离不开殖民掠夺资源以及全球市场的抢夺，似乎物质尤其西方之外的物质输入是西方崛起的根源。除此之外，往往就是偏爱马克斯·韦伯之类观点，将文化因素引入社会发展，认为新教促进了西欧经济发展，儒家文明限制了中国现代化。

比较之下，诺思早期思想给出的解释更有力，将东西方问题衍生到制度层面。不过，即使诺思肯定了西欧的特别之处，却将17世纪甚至18世纪之前的英格兰定义为相对落后，忽视了英格兰相对西欧的特别之处。

为什么是英国？

现代化第一推动力当然与工业革命有关，没有工业革命，现代化其实无从谈起。那么更终极的问题在于，为什么工业革命会出现在西欧尤其是英国？

英国的霸权被认为是一个重要因素，如年鉴学派历史学家布罗代尔认为，与其说是工业革命，倒不如说是新大陆的发现、对亚洲的侵略以及对世界经济的控制，导致以英国为中心的欧洲取得了世界霸权。有观点指出，在工业革命以前，工业制品在贸易中所占的比例是微乎其微的，日常交易的商品主要是衣和食，控制食品方面的交易，即控制世界经济。

对霸权的描述甚至控诉符合我们的第一直觉，但是深究一下则未必如此，商品是一回事，但商品的生产与销售则是另一回事，而商品的生产与销售在工业革命前后的逻辑是完全不同的。

对比之下，英国历史学家艾伦·麦克法兰的结论斩钉截铁：现代社会不仅起源于西欧，而且确定是英国，更不仅仅是从工业革命开始英国才领先；对比欧洲之外的贸易，其实欧洲内部的贸易创造了更多财富。

如何看待这些争论？我认为，如果认可贸易一直存在，那么现代社会的种子也几乎一样古老，只是类似于贸易的全球化，现代社会并不是自然而然的结果，而是人类社会的变异，种子就在英格兰。

因此，理解英国霸权形成的过程，某种意义就是理解人类现代世界形成的过程，问题不在于为何工业革命诞生于英格兰，而在于追问英格兰为何特殊。

我曾经在拙著《白银帝国》《货币王者》等"货币三部曲"中，借用了英国历史学家尼尔·弗格森的框架分析英国金融史，即英国制度设计中最重要的架构是由征税机构、中央银行、国债市场、议会组成的"四角关系"。

这种制度有什么优越性？英国制度中，征税机构、中央银行、国债市场和议会是彼此制衡彼此支撑的关系。英国拥有非常专业的征税机构，保证了国家财政收入。当时英国财政收入占经济比例很高。

值得一提的是，我们过去常讲中国古代税很重，但是对比17世纪、18世纪的英国与明清时代，英国的税率要比中国重很多，明代的税收基本不超过10%。这意味着什么？明代的税收效率非常低，并不是因为皇帝不想多征税，而是他们没有一个专业的征税机构。税收多并不意味着人民的负担就一定重。税收能够让民族国家形成一个强大的政府，有充足的税收来支撑其海外拓展、争夺市场。中国税收仅仅够维持政府，对政府想更多一些拓展，难有帮助。所以，从这个角度讲，小政府并不一定是好政府，政府是否可以问责才是关键。

相对而言，麦克法兰对英国的分析更为复杂一些。他认为英国崛起更类似于七巧板，战争、贸易、现代技术、法律、知识等因素都在其中发挥作用。麦克法兰将现代社会总结为五大表征，即恰到好处的人口结构、政治支柱或者说政治自由、特定的社会结构（意味着家庭的力量必须被削弱）、一种全新的财富生产方式的兴起（即今人所称的"工业革命"）、特定的认知方式（科学和世俗的思维模式）。

抛开表象，弗格森和麦克法兰的核心论点其实一致，即好的制度是进化而来的，而且无论是四个、五个抑或七个表征，都是彼此连接又彼此制约的，背后还是不同组织的权力平衡。

有意思的是，弗格森是苏格兰人，麦克法兰虽然出生在印度，但也是一个苏格兰姓氏。欧洲现代意识中不少要素来自英国，而英国现代觉醒与苏格兰启蒙运动有关。弗格森在美国做一期节目的时候，就曾经说过一句话，大意是我来自苏格兰，我们这里的人天生有种为世界思考的意识。

更远地看，加州学派彭慕兰之类研究确实是加深或者说迎合了中国明清才落后的看法，其实如果理解现代性本质在于分离，就不会将超大国家视为文明巅峰。

这种观点在国人看来失之偏颇，但也许正因为如此也更为深刻。深入思考一下，威尼斯的自由贸易精神与荷兰的金融系统等制度创新，能够在英格兰开花结果，终成大器，并不完全是偶然，花粉或许来自外部，但是种子必然发芽于土壤。

我越读历史，越发感受与其说西欧点化了英格兰，毋宁说英格兰孕育了欧洲现代化，最后这一现代化种子传播至全世界，当然，传播速度以及范围随着地理与时代而不同，甚至也出现过逆转情况。

麦克法兰等人的研究提供了不少细节。比如英格兰的个人主义特征从古就有，人们需要经济援助的时候往往也不会求助于亲属。除了夫妻之外，财产更是以个人形式存在，丈夫对妻子的财产也只有监督权。就工业而言，英格兰人利用畜力而节省人力的特点有别于欧洲甚至世界，更不用说英国的煤炭使用量在17世纪已经是欧洲其他地区的5倍了。就城乡差距而言，也与欧洲大陆（更不用说中国）对比鲜明，英国人城乡差距较小。

　　还有一个要点，所谓现代社会诸多特征，在工业革命或者新教革命前已经存在。无疑货币是一个决定性的因素，如布罗代尔所言，货币等于城市。

白银的往事

　　好的历史都基于细节，有了细节，除筋骨之外还有了肌理。比如在中国，如果把白银作为食货的象征，可以看到白银如何由物品转向货币的过程。今天重新审视历史，比起白银的积累，文明进化，或者说秩序的输入更重要。

　　鸦片战争被认为是中国现代化的开始，从这个角度看，鸦片战争背后是白银战争，更深入地看，是文明战争，源自清朝秩序与全球秩序的碰撞；也正因如此，贸易并不仅仅是买卖，比起物品的输入，更重要的是秩序的输入。

　　从这个角度反观鸦片战争以来的中国现代化，格局就比较清晰，不会纠结于明清为何停滞之类问题。再看中国40年以来改革开放的成就，出口并不是赚外汇那么简单，而是连接全球市场整合进入全球产业链的过程。

无论经济史的加州学派，还是李约瑟的科技史，甚至马克斯·韦伯也曾经疑惑，中国为何从明清之后开始落后？以数据见长的经济学家安格斯·麦迪逊，他提供的中国古代经济规模数据也印证了这一印象。

从海外到中国，这个问题日渐成为一个谜团。我在《白银帝国》等书中称赞宋朝，很多朋友以为是宋代文人地位高，其实是因为宋代文明成就高。我一直认为，宋代或许是中国GDP真正短暂超过欧洲的时候，与明朝情况恰恰可以形成对比[1]。

宋代之后的陨落，对不少中国人来说，更直接的判断是崖山之后无中国。好的问题让我们接近真相，坏的问题让问题更暧昧。朋友就在公众号"徐瑾经济人"留言说，看元朝统治和清朝入关，就是现实版的人猿星球，历史经常倒退，只不过最近几十年的太平盛世让全人类麻痹了。

这话其实也不错，但是换一个角度，也许文明和野蛮，中原和蛮族会发生置换。

宋代版图小，被传统历史学家认为弱小，但经济发达，背后正是在于没有大一统，国家竞争导致制度竞争激化，从纸币的发明就可以看出，不仅宋朝早于西方几百年发行纸币，金朝等国也步其后尘，其文明程度不能认为低于宋朝，甚至在海外被视为正

---

[1] 这方面研究，可以参考北大学者管汉晖与清华李稻葵以及Stephen Broadberry论文（"China, Europe and the Great Divergence: A Study in Historical National Accounting, 980—1850"）。

朝，导致元代修订历史宋金辽都奉为正朔，明代官方文件也认为是继承了元代法统。

从这个角度看，对清朝认知也许会有不同。

对清代评价低如钱穆等，在《中国历代政治得失》中提出清代为部族政治，"清代，可说全没有制度。它所有的制度，都是根据着明代，而在明代的制度里，再加上他们许多的私心。这种私心，可说是一种'部族政权'的私心。一切有满洲部族的私心发出，所以全只有法术，更不见制度。……总之清代在制度上，实在也没有几项值得我们今天之再称道"。

这倒是和现在内亚历史学派有些不谋而合，但是如果不从国家族群角度看，而是从民众与文明来看，也许有不同看法。就统治的文明程度而言，清朝比张献忠甚至朱元璋要好，或许也可以认为，儒家文明选择与外族联手扼杀了流民满地人如猪狗的局面。这类似于200多年后清朝落幕，看起来是外来力量，其实也少不了儒家精英的抛弃甚至推动。

我们以前认为蛮族是文明的破坏者，但是年轻的蛮族，也许恰恰可以为古老文明输入新生力量。清朝之于明朝，一如蛮族入侵罗马，北朝取代南朝，其实亦如陈寅恪先生在《金明馆丛稿二编》所言："取塞外野蛮精悍之血，注入中原文化颓废之躯，旧染既除，新机重启，扩大恢张，遂能别创空前之世局。"

结合起来，英格兰文明，何尝不是罗马人、盎格鲁-撒克逊人与诺曼人等几轮殖民征服的结果？这些外来者不仅带来了外来文明，还输入了秩序。

回看麦克法兰最核心的论点，现代社会起源于分离，对比之下，波兰尼谈到现代社会则认为是经济与政治的日渐彼此嵌入。某种意义上，两人都对，一个是现代社会的诞生阶段，一个是现代社会的成熟阶段。只是从起源看发展，日渐嵌入恐怕会让问题复杂，导致诸多争端，譬如移民以及贸易。

理解真相是成人思维

现代社会如何诞生，这也许是人类社会最大的真相，这种追问本身就是一种现代思维。这体现了一种现代人的自觉。正如历史学家许倬云所言，现代性问题在华人地区不仅是"天问"，还隐含两大主线，一条是现代文明的发展过程，另一条则是，"身为中国人经常会提出的问题，为什么中国稳定了两千多年，却在现代文明发展的比赛中，长期缺席"，到今天还在追赶"现代"？

国人对这个问题的探寻已经上百年，一次次重启天问几乎成为民族惯性，这总体而言是好事，无论结论是否正确，多样性比准确性更为重要。

印刷术的诞生使知识广泛传播，从此重新定义了成年人，使得每个成年人都必须是读者。而今天的互联网，则创造了新的作者定义，迫使每个人成为作者。放在中国语境下，对当代中国人而言，无论你是读者还是写作者，人人有必要了解一些真相，即使这些真相看起来像偏见，也未必令人愉快。这才是真正成年人的标志，否则恐怕始终处于蒙昧的中世纪。

　　从这个意义而言，有历史感的经济学不啻为一盏走出中世纪的明灯，借助它我们可以看得更明白，也能进入更广阔的真实世界。

图书在版编目（CIP）数据

徐瑾经济学思维课 / 徐瑾著 . -- 长沙：湖南文艺出版社，2022.8

ISBN 978-7-5726-0649-6

Ⅰ. ①徐… Ⅱ. ①徐… Ⅲ. ①经济学—通俗读物 Ⅳ. ①F0-49

中国版本图书馆 CIP 数据核字（2022）第 068220 号

上架建议：经济通俗读物

XU JIN JINGJIXUE SIWEIKE

徐瑾经济学思维课

著　　者：	徐　瑾
出 版 人：	曾赛丰
责任编辑：	刘雪琳
监　　制：	秦　青
特邀编辑：	列　夫　王子佳
营销编辑：	王思懿
封面设计：	奇　芭
版式设计：	秋　晨
出　　版：	湖南文艺出版社 （长沙市雨花区东二环一段 508 号　邮编：410014）
网　　址：	www.hnwy.net
印　　刷：	三河市兴博印务有限公司
经　　销：	新华书店
开　　本：	875 mm×1230 mm　1/32
字　　数：	170 千字
印　　张：	8.25
版　　次：	2022 年 8 月第 1 版
印　　次：	2022 年 8 月第 1 次印刷
书　　号：	ISBN 978-7-5726-0649-6
定　　价：	58.00 元

若有质量问题，请致电质量监督电话：010-59096394

团购电话：010-59320018